文学常青藤丛书

郝建国 吴欣歆 主编

摇响哲学的风铃

本册主编　林启华

副主编　沈冬芳　王　菁

花山文艺出版社

河北·石家庄

图书在版编目（CIP）数据

摇响哲学的风铃 / 林启华主编. -- 石家庄 ： 花山
文艺出版社，2025. 1. --（文学常青藤 / 吴欣歆，郝建
国主编）. -- ISBN 978-7-5511-7403-9

Ⅰ．I217.2

中国国家版本馆CIP数据核字第2024TE4176号

丛 书 名：文学常青藤
主　　编：吴欣歆　郝建国
书　　名：**摇响哲学的风铃**
　　　　　YAO XIANG ZHEXUE DE FENGLING
本册主编：林启华

统　　筹：闫韶瑜
责任编辑：郝卫国
责任校对：李　伟
美术编辑：陈　淼
出版发行：花山文艺出版社（邮政编码：050061）
　　　　　（河北省石家庄市友谊北大街330号）

销售热线：0311-88643299/96/17
印　　刷：石家庄名伦印刷有限公司
经　　销：新华书店
开　　本：880 毫米×1230 毫米 1/32
印　　张：8.25
字　　数：170千字
版　　次：2025年1月第1版
　　　　　2025年1月第1次印刷
书　　号：ISBN 978-7-5511-7403-9
定　　价：32.00元

总　　序

　　2022 年春节，花山文艺出版社社长、总编辑郝建国打来电话，商量共同策划一套中学生"创意写作"丛书。当时，我正在反思应试作文的正面作用和负面影响，确定了样本校，想做一点儿"破局"的教学实践，目标是使学生在学会写作的一般规则的同时又能够自由表达。恰逢其时、恰逢其人、恰逢其事，一次通话就确定了合作意向、基本方向、大致的工作进程，很是痛快。

　　但我不想用"创意写作"的概念，因为创意写作是一个成熟的学科，有专门化的人才培养方案，而中学课程方案中没有设置这一学科。早在 1936 年，美国艾奥瓦大学就已经有了创意写作艺术硕士（MFA），此后，艾奥瓦作家工作坊在英语国家广泛推广，继而在全球范围内产生了深远的影响。在我国，2007 年，复旦大学开始招收文学写作专业的硕士研究生，2009 年正式设立了创意写作专业硕士学位点；2011 年，上海大学成立了创意写作创新学科组；2014 年，北京大学中文系成立了创意写作教学团队……据我了解，目前全国有二十所左右的高校招收创意写作专业硕士，课程内容涵盖小说写作、诗歌写作、媒体写作、传记写作等多种文体类型，有明确的培养目标和教学方法。虽然有些中学开设了创意写作的校本课程，但我的目的不在于推广这门课程。我主张用创意写作的学科知识指导中学写作教学的变革，在概念上使用课程文件用语——创意表达。这一想法得到了出版社的支持。

在我看来，所有的写作对学生而言都是创意表达，都需要借助生活经历、语言经验、知识积累、思维能力，把想法变成实际存在的文字，即便是严苛的学术写作，也能够体现出学生的个性特点。对于成长中的学生来说，写作除了具有学习功能、交际功能、研究功能，还有重要的心理建设功能。写作的内核是面对真实的自己，面对真实的情感体验，用文字表达的时间是学生认真面对自己的时间，如果能够自由地表达出自己的想法，就能够很大程度上实现心理重建。

娜妲莉·高柏在《心灵写作》中把写作称作"纸上瑜伽"，她倡导学生每天自由自在地写十五分钟，直接记录脑子里随机出现的词语和句子，记录眼前的事物，记录此时此刻的体验和感受，不管语句是否通顺，内容是否符合逻辑，不管要表达什么主题，就一直写一直写。这样的写作，显然有助于克服书面表达的恐惧与焦虑，有助于克服因为期待完美而导致的写作拖延。学生奋笔疾书之后会有一种释放感，一种绷紧之后的放松感，书写的畅快足以改变不良的心理状态。

写作工坊比较常用的练习方法大多能够引导学生的思维自由延展，比如曼陀罗思维法，又被称为九宫格法，就是将自己的某个观点写在中央的格子里，围绕这个观点进行头脑风暴，将其余八个格子填满，继而再辐射出八个格子，两个轮次的头脑风暴，核心观念迅速衍生出六十四个子观念。 再如第二人称讲述，用"你"开头，写下你看到的、听到的、嗅到的、触摸到的、反映出的、联想到的各种信息，连贯地用文字表达自己真实的见闻与感受。 又如庄慧秋的《写出你的内心戏：60个有趣的心灵写作练习》，提供了六十种开头提示语，其中包括"我喜欢""我讨厌""我热爱""我痛恨"等自我情绪表达的提示语，以及自我形象变形的提示语："如果我是一棵植物，那我就是……""如果我是童话故事中的角色，那我就是……""如果用一幅画来象征我自己，那我就是……"

这些方法都可以在写作教学中运用，帮助学生感受到自由思考的快乐，在相互启发中打开书面表达的广阔世界，帮助他们实现创意表达。

对于中学生的创意表达，我有三点想法。

第一，放松写作体裁限制，用自己的方式记录看到的社会生活，表达真实的情感体验。 中学写作教学存在为体裁找内容的现实问题，学生非常熟悉记叙文、议论文的套路，习惯按照既定体裁框架填充写作内容，这是违反创作规律的。 合理的状态是，学生有见识、有感悟，有表达的目的和对象，为了实现目的寻找合适的表达方式。 体裁可以自由选择，甚至可以自由创造，我们要鼓励学生为自己的内容找到合适的形式。

第二，拓展写作内容边界，在广阔的社会生活中发现写作的内容，探索写作的价值。 美国非虚构作家盖伊·特立斯的作品集《被仰望与被遗忘的》，从微观层面记录了纽约的城市风貌，关注各种人和他们背后的故事：俱乐部门口的擦鞋匠、高级公寓的门卫、公交车司机、大厦清洁工、建筑工人等。

我们要鼓励学生写他们熟悉的、他们经历的、他们知道的，鼓励他们写出自己眼中的世界图景。

第三，重构写作指导模式，建立师生协作的创作团队，形成完善的创作流程。中学写作教学习惯"写前指导"和"写后指导"，写作过程中的指导尚未受到充分关注。Perry-Smith 和 Mannucci 在前人研究的基础上，根据创意过程中不同阶段的需求将创意过程划分为创意产生、创意细化、创意倡导、创意实践四个阶段。学生的初步想法，很多时候是"灵光乍现"，教师要有一套办法组织学生分析原始创意，征集延伸性的内容与想法，整合收集到的信息，帮助学生完成创意的修改、发展，有序完成从创意到作品的实践过程。

《义务教育语文课程标准(2022 年版)》设置了"文学阅读与创意表达"任务群，《普通高中语文课程标准(2017 年版 2020 年修订)》设置了"文学阅读与写作"任务群，对学生使用书面语、发展创造力提出了明确的要求。本套书选择的学校大多为区域名校，学生的创作和教师的指导体现出落实课程文件要求的原则与策略，期待能够引领更多学校、更多师生的创意表达。需要说明的是，这些学校的师生不仅重视创意表达，而且极为重视语言运用的规范，他们热爱国家通用语言文字，热爱中华文化，对中华文化的生命力有坚定的信心，他们的创作在弘扬中华优秀传统文化方面，也做出了良好的示范。

2023 年元旦于北京　吴欣歆

序　一

社会在发展，知识日新月异。如果学生只是记住我们今天传授的知识，将来的发展就会有很大的局限。因而，教育不能只传授知识，还要培养学生拥有不断更新知识的能力。更新不是简单地接受，而是用批判的态度检验新的知识，为其找到支持或反驳的论据，这就是理性思辨。理性行为是批判性的心灵活动，是对新知识的检验。理性追求的目标是真理，真理具有普遍性，在真理面前人人平等，这正是教育所追求的重要境界。

让学生养成一定的理性素养，依靠书本知识的学习是不够的。读万卷书不如行万里路，我们上海师范大学附属中学开设景观文化课，实施书院教育。我们的学生走出校园，参观知名的文化景点，他们访扬州，走绍兴，观南京……他们在观察中充实知识，在走访中感受生活。我校"格致"与"博雅"两大书院，从文、理两个角度，为同学们搭建了高中学习与实践体验之间的桥梁，给文、理方面有着兴趣爱好的同学提供交流、研讨的平台。

博雅书院的教学内容主要是思辨性阅读，很多同学在进入高中之前就阅读了文史哲等方面的专业著作，在博雅书院中延续着自己的思考。在书院中同学们可以读文学书籍，也可以读史学、哲学、法学、社会学、金融学等学术著作。可以对马克思的《资本论》进行深入解读，可以把康德的三大批判的脉络理清，可以从学术的角度读《红楼梦》《三国演义》《伊豆的舞女》等。

在阅读中思辨，在思辨中阅读；吸收古今思想，迸发思想火花。高琪钧同学作这样的思考："我们姑且根据体验客观主义认定，我们既存在于体验的世界中，也存在于客观物质世界中。我们不难得出这样一个重要的结论：人对事物产生认识，那么就产生了意义，换句话说，意义实质上是认识。"世界是客观存在的，但依靠人的主观体验才能揭示出来，世界是主观与客观共同作用的结果，意义就是认识，高琪钧同学养成了一定的思辨习惯，他在思辨中获得了对世界的认识。

美国历史学家汤因比认为，历史不是事实，而是经由人的主观改造的有序事件，但历史的意义在于引导人们去理解事实。朱煜凯同学运用汤因比关于历史哲学的思想分析了西方文明的崛起和它主宰当下世界的原因，也深入披露了西方文明的不足，推论原子化思维的西方文明缺乏包容性，不能统领世界的未来。中华文明讲究人与自然、人与人的和谐关系，具有包容性，但在缺少科技的力量时，它就会显得僵滞。朱煜凯同学这道思想的微光和他理性思辨的方法，一定会得到大家的肯定与赞扬。

朱煜凯同学说："我写这篇文章正是这个目的,让所有人都明白,中华之崛起是必然的,而让中华崛起的大任就落在我们这一代肩上。只要我们善于学习,敢于竞争,'又安知数千年后,华人不因西人之学,再辟造化之灵机,俾西人色然而惊,睪然而企也!'这样的未来定将在不远处向我们招手。"一个高中生,有这样的想法与担当,作为老师,我们感到自豪与宽慰,他的思考让我们更加坚信培养学生笃学深思的重要。

上海师范大学附属中学的同学思考了很多人生话题,如善良、自然、语言、法律、宇宙、时间等,他们的思考将带给我们很多启发。

我们的老师细心引导同学们进行思辨性阅读,他们也参与了同学们的思考。思想的水滴终能汇聚成清澈的溪流,现在老师们把同学们思考的成果整理成册与大家分享,我感到高兴,为同学们点赞,希望他们有更多的思考,也希望有更多的同学能像上海师范大学附属中学的同学们一样进行思辨性阅读,多为自己的人生打下理性的基础,明白人性的特点,理解时代的特征,感受历史的责任,以便将来能更好地回报社会。

上海师范大学附属中学校长 黄武祥

序　二

我们生活在信息的海洋里，报纸、电视、网络等各种媒体给我们带来铺天盖地的信息。但是这些信息真假难辨，需要我们有甄别与取舍能力。

新媒体带给人们很多表达个人观点的平台，在这些平台上可以自由、便捷地表达观点，但自由与责任同在，大家在表达观点时，需要一定的理性意识。

亚里士多德说："理性是人类特有的'灵魂'。人是理性的动物。"人类从动物界区别出来，是因为人类有理性，喜爱寻找变化中的永恒所在。理性，如日月，为人类所共有。理性不是个人的经验与观点，而是适用于每一个人，被每一个人拥有的标尺。理性是个公平的裁判，凡事必须"按理来"，有理的可以"理直气壮"，而无理的则会"理屈词穷"。

上海高考作文这些年来一直坚持理性思辨的命题原则，2016 年、2017 年、2018 年的作文要求是选取生活现象引发考生作一种"从事到理"的思辨，从 2019 年开始则直接选取哲学话题引发考生作一种"从理到事"的思辨，命题者的用意可能就在于引导高中生培养理性素养。

2019 年的秋考作文题中"这段话可以启发人们如何去认识事物"一句，就是要求考生展开哲学思辨，考生可以运用马克思主义认识论来思考，从"在实践的基础上，从感性认识到理性认识，再从理性认识到实践"，理性剖析作文主题：中国音乐以及中国文化。

2020 年的春考作文题"有人说，没有事实的看法是空洞的，没有看法的事实是无力的"，考生可运用马克思主义哲学中"认识的本质是主体在实践基础上对客体的能动反映"的理论表达自己的看法：客体是认识的基础，没有客体即没有对象，就不存在认识，在这种情况下形成的看法是虚无的；没有人的能动反映，没有赋予看法的事实，没有任何价值。

2020 年的秋考作文题"这是否意味着人对事物发展进程的无能为力"，考生可以运用马克思主义哲学的"实践是客观的、能动的和社会的活动"的理论来表达自己的看法：事物的发展离不开人的力量，在人类的实践之中事物才能不断发展。但事物是客观存在的，人类的实践应是一种尊重客观规律、积极能动的活动。

上海高考作文与法国高中毕业会考作文有点儿相似。如2017 年法国高中毕业会考的作文题："1. 理性能理解一切吗？ 2. 一件艺术作品必须是美的吗？"（高中经济和社会科）"1. 是否仅凭观察就足以了解了？ 2. 有权做的事都是正确的吗？"（高中文科）"1. 捍卫权利是否等于捍卫自己

的利益？ 2. 人能从自身文化中解放出来吗？"（高中理科）

这些作文题富有理性和辩证性，理性可以理解事物，但理性不能理解一切；艺术作品是美的，也不一定全是美的，有时是以丑为美，这就需要对美进行深入的思考；等等。 对于这些话题，没有一定的理性思维就无法阐述。 中国学生面对这样的话题可能会无从下笔，但在法国没有那么神秘，因为他们在高中阶段有一门哲学课程。 文、理、职业类的学生，都要在高三学习哲学这门课，不同类型的学生所学的课时与学习内容不同。 细看上述 2017 年法国作文题，可以提取一些关键词："理性""美""权利""文化""解放"，这些哲学概念，他们的哲学课本都会出现，所以，只要透彻理解了课本中一些哲学概念，厘清了概念间的关系，结合社会生活就可以写好作文。

从上海高考作文题中提取出来一些概念，如"需要""时间""价值""事实""看法"。 我们就会发现它们也是一些哲学概念，尤其是马克思主义哲学。 所以，为了写出思辨性的作文，我们需要系统地梳理一下哲学概念与论题。 上海师范大学附属中学博雅书院的同学们选取高考作文题中的关键词，整理出"自我与认知""个人与他人""个体与群体""物质与精神"等二十个哲学话题，现在已编成书，以此来训练自己的理性思辨能力。

在他们的思考中，我们看到许多宝贵的、理性的火花，高琪钧同学说："意义是人之为人的核心所在，而这一核心如此紧密地寄托在符号上，并依赖符号使之得以受到加工、交流、扩充，因此我们完全可以说：符号的特殊性正是人的特殊性。你使用怎样的符号，拥有怎样的话语权，就是一个怎么样的人。"人是符号性的存在，一个人说出怎样的语言，就表现出怎样的特征，高琪钧同学作了这样的思考，可见他思考之深以及思维之缜密。

苏轼说："吾文如万斛泉源，不择地而出，在平地滔滔汩汩，虽一日千里无难。及其与山石曲折，随物赋形而不可知也。"当一个人的思想充盈了，想不说都不可能，这正是写作的最好办法。博雅书院的同学们阅读、梳理哲学思想，充分思考后写作，这是一件有趣、有意义的事。

上海师范大学附属中学　林启华

目　　录

时间与存在

引言 ··· 003

洞中对 ··· 005

当下与时间 ··· 015

我们的时间 ··· 019

节日之用 ··· 025

论永恒 ··· 030

存在之思 ··· 035

存在：死亡哲学的最优解 ··· 040

论历史研究的意义 ··· 046

怀念起过往，安放在行囊 ··· 053

心灵与精神

引言 ··· 061

心灵之网 ··· 063

论缸中之脑 ··· 068

精神的光芒 ·· 074

自我精神将外界赋能 ·· 080

理性与成长

引言 ·· 091

论范畴 ·· 093

扬弃怀疑主义 ·· 102

千帆历尽归来的解脱 ··· 108

成长中的情感需求 ·· 114

自然与审美

引言 ·· 123

谈当代艺术的"荒诞性" ···································· 125

自由与法规

引言 ·· 133

自由的界限 ·· 135

自由中的不自由 ·· 142

法律的意义 ·· 147

劳动与消费

引言 ·· 155

理性对待内卷与反内卷 ····································· 157

论躺平 ·· 162

理性看待消费与价值 ……………………………… 167

消费与价值 ……………………………………… 174

政治与道德

引言 ……………………………………………… 183

中西政治思想之辨 ……………………………… 185

论梭罗的道德观启示 …………………………… 193

谈谈价值观 ……………………………………… 200

在群体中，独立自我何以可能 ………………… 207

共有的善，成就了德 …………………………… 215

意义与言说

引言 ……………………………………………… 223

语言与沉默 ……………………………………… 225

单向度的时代　分裂态的作者 ………………… 231

意义与目的 ……………………………………… 238

后记 ……………………………………………… 244

时间与存在

引　言

　　时间是什么？我们很难说得清楚。但没有时间，我们什么也说不清。在日常生活中，我们说"李明先进了教室"。我们就明白李明与其他同学进入教室的先后次序。时间意识是我们认识外在世界的必要条件，更是我们认识自我的必要条件。"前不见古人，后不见来者"，诗人在邈远的时间中看到个体生命的短暂与渺小。"人生代代无穷已，江月年年望相似"，诗人在江月的永恒中得到游子早日还家珍惜当下的念想。时间意识生成了我们的认知背景，也生成了潜藏的幽思，催生出"节日""历史"等丰富的文化。

　　本章作者思考了时间的实质是意识的流动；思考了时间与生命、历史，以及与人的回忆之间的内在关系；思考了永恒是否可以永恒。思考是件快乐的事，他们在思考中直面个体的生命，规划着当下以及未来的人生。

洞 中 对

◎陆佳杰

火炬现在不在柏拉图的洞穴里。

但它的情况并没有得到什么改善，四周漆黑，依旧伸手不见五指，为了照亮，火炬只好重新被点燃。

一时火光乍起。

橘黄色的火焰熊熊燃烧着，与洞壁上黑漆漆的倒影相望，中间隔着由明到暗的空间。

"我们还要在这里待多久？"倒影发问，率先打破了沉默。

沉默。

"多久？这里没有钟表，我看不到一分一秒，这里没有白天与黑夜，没有春夏与秋冬，没有水，没有流逝，没有月亮，没有阴晴圆缺。老实说，我从不知道时间的流逝，也许我们已被时间抛弃。"火炬终于发出了回答。

"你不要一天到晚神神道道的，我见过无数次钟表，它的秒针的运动我也能想象。你看这是一、二、三，你看现在过了三秒。"

"影子先生，你所说的三秒是什么呢？是时间在它的轴上往前走了一些长度，还是说时间没有动，只是我们跳到了一些另外的'现在'？"

"好了好了！"倒影十分不耐烦，"哪有什么跳到不同'现在'的说法？就是时间在流逝啊！这就是三秒啊！"

"哦不，影子先生，你所说的现在是什么呢？你可能认为现在就是一种持续的状态，就像未来是之后的状态，过去是之前的状态，这当然显而易见，我与你在任何时候都是现在的状态。但问题是，现在就是这样随时变化、永远不同的吗？如果'现在'是永远不同的一个又一个，而在时间里没有哪两个不同的组成部分是同时并存的，而且，以前存在如今已不存在的'现在'必然在某一个时候已经消失了，那么就不能有几个'现在'彼此同时存在，前一个'现在'必然总是已经消失了的。但是前一个'现在'不能消失在它自身内，因为当时它还正存在着；但它也不能消失在后一个'现在'里。因为我们必须坚持一个基本原理：'现在'不是彼此一个接一个的，就像'点'不能一个接一个那样。因此，如果它不消失在下一个'现在'里，而是消失在而后的某一个'现在'里的话，那么它就会与（它存在时的和消失时的）两个'现在'之间的无数个'现在'同时并存。但这是不行的。但是'现在'又不可能永远是同一个。因为凡是有限的和可分的事物无论是在一维还是在几维延伸，都不会只有一个限，'现在'是一种限，并且是可以做到以'现在'为限取出有限的一段时间来的。而且，如果时间上的共存就意味着存在于同一个'现在'里的话，如果以前的事物和以后的事物都存在于这同一个

'现在'里，那么一万年前发生的事情就会和今天发生的事情是在同时，也就没有任何事情先于或后于别的任何事物了。"

"火炬！你这是被天花乱坠的想法绕进去了！'现在'可以不是一个点啊，它完全可以是一条线啊！"

"哦不，影子先生，你所说的'线'是什么呢？也许你说的没错，但至少并不完整，或许时间确实是由度量划分过的绵延，那么我们在度量时间时，其实是获得了连续、绵延、长度等观念的总和，哦，多么亲切的结论啊！"火炬突然停止了说话，过了很久又说，"不对不对，时间观念并不是由一个与其他印象混杂着并可以和其他印象明显区别开的特殊印象得来的。是的！我们或许缺乏一个参考系，所谓的连续的、绵延的、长度的，在它们各自需要确立一个参照系时，这种'参照系'的印象显然并不存在于经验层面中！"

影子看着兴奋的火炬吐出愈来愈多四溅的火舌说："哦，所以呢？"

"影子先生，不是什么'所以呢'，答案已经呼之欲出了啊！时间的观念并非源自经验而是来源于我们自身啊！"

"哦……那我们还要待多久。"

"影子先生，你知道什么是概念吗？"火炬自顾自地发问。

"火炬先生，我不知道。"影子说，"但我知道如果我不是你的影子，我现在就想要走进前方的黑暗！"

"影子先生，你知道你是办不到的，因为你是影子，这就是影的概念所赋予你的。我们所处的世界还有许许多多的物质，这些物质实实在在地存在于某处，当我们想获得认识、得到知识时，我们往往要先从这些实在的物质开始，但到了认识阶段的末端，我们必然会脱离这些实在的物质，转而获得一种概念，这样的过程被柏拉图具体描述为了世界的二重化，若是再继续延展这一过程，当我们获得了诸如'火炬的概念''影子的概念'等概念时，我们的心灵又是如何区分这些概念的呢？事实上，对于某些有共性的概念我们可以像体验物质一样，经过不断地反观，在一些概念中提取出更高一级的概念，这种过程有点儿像分类检索，不一样的是，所谓分类检索是父项与子项的关系，而概念的联系更侧重于这个概念为什么是这个概念，而不侧重于新建立之概念与原本之概念的种属关系。那么这时我们完全可以合理地推出，所有这样的概念都可以最终归结成一个至高、至大的概念，这样的至高至大用惠施的话说就是具有了'至大无外'的特点，正因为'无外'，所以我们必然在其内，在其内就意味着我们永远无法完全凭经验感知到这个'至高至大的概念'，正因为无法完全被经验感知，也就不存在比它更高一级的概念了。"

"有些时候，我确实会怀疑现在我是不是还在柏拉图的洞穴……"影子有些无奈地说。

"放心，我们当然不在。这个洞穴我看更像'体验'的洞穴。影子先生，你知道'体验'吗？"

"不知道。哦对，我其实不叫影子先生，我有名字，我叫'哦不'，请叫我哦不先生。"

"那么哦不先生，其实体验是自我与外在世界交互的重要媒介。体验这一过程，可分为：原印象、滞留、前摄三个模态。

"原印象就是意向对象刚刚进入内意识时的状态，它是一个无比极端的点，一般来说，在人们体验的过程中，原印象，这么一个极端点，在真切出现时，在当下进入内意识时，就会丧失其所含的意义，它成了一个抽象而空洞的点，就好像我们之间这段由亮到暗的空间，在我们'看见'的那一刹那，我们其实什么也没体验到，我们甚至只知道这是一个意向对象，而并没有把'这段空间'这个原印象与气味、触觉等作出任何的辨别。

"之后，当原印象的点消失后，那个意向对象其实并没有从内意识中消逝，它被意识以拘留的方式保留在了内意识中，这个过程就叫作滞留，值得强调的是，这种在内意识中的拘留与原印象之间是相同的，换而言之，滞留与原印象都是意向对象体现性的内容，而不是意向对象再现性的内容，进而我们可以得出一个这样的结论，类似于滞留这样的'新鲜的回忆'所代表的就是感知与现在。另外，对于滞留，还有一点需要说明，滞留其实并不是一种感官的逐渐衰弱，事实上，我们第一次看到它时它便已经是由亮到暗的逐渐减弱了，其滞留并不是这些减弱程度的增加或者减少，那些滞留其实是意识在做'新鲜的回忆'，而这些'回忆'是与原印象相似的，正是这种相似性的回忆让我们在体验一系列意向对象时，不会混淆它们各自的滞留，并且让这些滞留能够参与当下的体验活动。

"最后是前摄，所谓前摄，它是一种内意识的再造。举一个例子，当我们听一首熟悉的乐曲时，在接受到它的第一个音程这一意向对象的'同时'，我们的内意识会对接下来的或是音程，或是和弦，或是琶音进行期盼，这种期盼在根本上是不依靠实在意向对象的体验。这种抽象的体验之所以能够进行，全在于内意识为这种具体的期待再造了一个相似物，从根本上来说，这种相似物的体验也是体现性的，因为未来之声音永不会到来，当然无谈再现，所以前摄也具有体现性。于是乎，在原印象、滞留、前摄三者共同的编织下，我们的体验就成功地被创造了出来。"

"好的火炬，你说完了吗，其实，我就是想知道，我们还要在这里待多久。"

"是的，哦不先生，我们现在就是在解决'多久'这个难题。"

沉默。

"之前，我已经粗略地说明了体验与概念，而基于两者，我想描述一种叫作'流'的行为，'流'通俗地讲，可以把它视作体验的行为部分，而剔除了体验的内容部分，它是一种对于世界万物普遍适用的行为模式，正因为如此，它也是世间万物'契合'那个'至高至大概念'的方式。但是为什么要'契合'呢？我觉得，世间万物从本质上讲都是一种概念，也就是说，都是与那个至大的概念有共同点的，那个至大的概念，就是在阐述世间万物所代表的概念为什么是那样的概念，于是，那些万物都在被'阐述'，我们换一个角度，将这种'被阐述'从至大的概念出发，就是'契合'。

"流，是一种纯粹的行为模式，它与体验的完成方式，即原印象、滞留、前摄有些许共通的地方，而不同点是，流并不需要区分，或者说具有体现性与再现性。因为归根结底，无论是体现还是再造，都只能是一种联想，都是包含在至大的概念中的，并不会影响个体去契合概念，也正因为如此，流的三种模态并不需要'同时'在场才可以构成完整行为，它只需要是一种绵延的绵延而不必具备感知的奇迹。可是，既然流只是一种行为，它又是如何去使我们契合的概念变得不一样的呢？回答问题的重点其实应落在'契合'上，也就是说，包括流的发出者本身而言，那至大的概念都必然是先验的，因为概念之类并不因主观意识的改变而改变，所以这至大的概念必然是客观存在的，只是因为契合的角度、深度、位置不一样，同一种个体的概念会表现出不同的诠释。而造成这种契合不同的，也就是流这个行为本身了。

"现在，请设想一条直线，这条直线由无数个点构成，而每一个点都代表着一种概念，也就是说，这条直线就是所有概念的一个集合。在这无数点的概念中有一个名叫'物质'的概念；在概念的集合这条直线上，有一段与其平行的虚线，这就是'流'；将'物质'这个概念的点作为端点，向上任意做一条射线，必然会与'流'这条虚线有一交点，此时，这条射线就被称为'现在'，它的前后分别是'过去'与'未来'。

"接着，让我们从这个具体的图像出发，来细致地观察'现在'这个点。现在，大致地讲，就是流与物质的交点，如果与体验的过程对照，可以将这个交点类比成原印象发生的地方，但值得强调的是，'流'的行为模式决定了，在逻辑上，一定是先出现了'现在'这个交点，之后才有了原印象，'现在'这个点于是是一种比较抽象、比较空洞的点。这个点最大的功用就是去'契合'概念，因为这个时候，流的行为穿过了物质（这个物质是除了流的发出者以外的任何东西），但流并没有去捕捉意向对象的信息（或叫作体验），它只是一种行为，这种行为的结束是意向对象'被流'，而不是知道了诸如木头硬不硬、桌子是黄色的还是绿色的这样的体验结果。而后，我们通过这些物质发现了概念，并与这些物质对应的概念相契合，这就是现在之点的意义。

"关于过去与未来，在流这条虚线上，现在之点的两侧是无数点状的图形，这里的每一个点都是对一个意向对象的流的滞留或是前摄，但过去代表的是现在之点一侧，滞留那一部分的所有，意思就是，不是那些点组成了过去，而是过去包含了那些点以及点和点之间的'空白'，对于未来来说也是一个道理。

"在这幅图像中，过去、现在、未来'同时'存在于概念中，但是这只能说明过去与未来是真实的，不能说是存在的。就未来而言，它其中的点，是一种类前摄，换而言之，未来的存在是基于自身对过去、现在之外的一种'期待'，这种期待在意识中创造出了一个意向对象，但是神奇的是，因为未来之物必然不可能到来，所以此时的意向对象根本上不能被称作'相似物'，它就是真实的，不与其他任何东西进行对照的意向对象，基于这些意向对象的未来，也就是真实的了。

"但这样的情况对于过去来说就大为不同了，当流经过物质时，其实就是契合了物质代表的概念，但当流不再经过那个物质时，意识就需要靠滞留来锁住这些概念，形成一段绵延。但问题是，在前一个物质绵延时，必然会有另外一个物质经过了流，形成了另一段绵延，那么就会出现后一段绵延将前一段绵延'挤'到旁侧的情况出现，所以滞留形成后，为了防止这种排斥与混淆，意识会让前一段绵延失去一部分相似性，让其更加远离现在的点。这就形成了点状的图像在滞留一侧的分布是不规律的，而在未来一侧应该是规律的，并且，由于此刻的点是有对照的相似，所以过去是不真实的。

"当我们说未来时，其实我们指的是意识中的一种联想、期待，没有一种所谓的未来是可以脱离最大的概念的，所以大体上讲，我们可以说未来存在于现在，但不可能是未来存在。进一步说，因为在现在之点我们'正在'契合概念的一部分，而未来其实就是那一个最大概念中还未被契合概念的对应形式，我们的未来就是一种联想的模态，而我们之所以能有对未契合概念的联想，是因为契合之概念与未契合之概念是在同一个大背景下的。通过柏拉图的理论我们可以知道，一些概念是具有联系的，所以我们完全可以去联想到一些没有契合概念的一部分，也就是说未来真实但本身并不单独存在。另外，由于过去是一种绵延的滞留，也就是相似性在递减，但概念被契合这一事实并不会因为相似性的递减而递减，所以它与现在是可以脱离来看的，过去并不需要通过现在来联系自身的内涵，也就是说，过去这一事实单独存在但并非真实。"

"好的，我想问，火真的不会口渴吗?"

"不会，哦不先生。"

"好的，我还想问，现在我们把问题解决了吗，我可以知道还要待多久了吗？"

"没法知道。"

"那你口若悬河、滔滔不绝的究竟完成了些什么？"

"哦不先生，我们现在已经知道了，我们自身也可以建立时间的观念。"

"所以呢？"

"所以我们没有被时间抛弃。"

指导教师：郝丽云

当下与时间

◎杨思语

时间是所有生命意识的记录。我们对时间非常熟悉，但从根本上来说，它令人畏惧。时间的神秘感对所有人来说都是相同的。有人说，时间就是生命，生命就是时间，但在所有的人类经验中，总有些东西超出了我们的理解；总有些概念，当我们试图强行打开它时，却被脆弱的思想和无力的语言背叛。怀特海说："在没有清楚地意识到人类智力有限性的情况下去思考时间和神秘的自然创造进程，这是不可能的。"因此，直到今天，时间仍是一个谜，没有人能真正理解它。

犹太王大卫在戒指上刻有一句铭文：一切都会过去。而契诃夫小说中的一个人物在戒指上也有一句铭文：一切都不会过去。这两句话看似相悖，实则辩证地揭示了时间的意义。

在阐释这种意义之前，首先需要了解时间的本质。时间一词有太多的含义，它主要分为三个内容：时钟时间、心理时间与真实时间。这三者各不相同，但我们通常会将其混为一谈。

"时钟时间"相对另外两者更易被人理解。比如说，一天的时间，就是太阳东升西落，昼夜交替；一小时的时间，就是分针移动 360 度，时针移动 30 度，在这件事发生的同时，太阳也在空中沿着其轨道向西移动了 15 度。也就是说，我们利用时钟，在时间和物质变换中确立一种直观的联系——人们都默认，真正的时间就包含在这一运作中。

"心理时间"即主观时间。这是有明确概念或者可感知的时间现象。心理时间是对意识统一体的个人经验，当我们失去意识时，比如沉睡之时，时间对每个人来说是不存在的，但当我们重新获得意识时，时间便会重新开始。故而，许多哲学家都认为，体验时间是唯一的真正时间。

对时间的这种认识包含了一个重要思想：如果没有经验者与有意识的心灵，也就没有时间。因此，在有意识的生物进化诞生以前，也许是相隔 35 亿年的过去，那时时间并不存在。同样，如果地球上所有的生命未来都不复存在，时间也将化为乌有。

所以，我们说时间会加速或者变慢——人的时间体验是反复无常的。有趣的是，这还和大脑耗氧速率的快慢有关：时间随着温度的升高而变慢，反之亦然；代谢越快，时间却越慢，代谢逐步下降，时间却逐步加快。这也解释了为什么小孩子总觉得等待长大的时间像蜗牛爬一样缓慢，而成年人会觉得时间飞驰而过。

当然，加速和变慢是与记忆中的时间经验相比较而来的。我们通过时钟来判断经历不同事件所需要的时间——自己的心跳、走熟悉道路所需要的时间、煎蛋或是烧开一壶水的时间……正是因为有了时钟，让我们对此类事物有一个客观的经验认知，以此衡量变化无常的时间体验。

"真实时间"则是指自然界中所有物体发生一些变化所需要的客观时间。而这往往是被广泛认知的时间概念，它与时钟时间有一定的关联。物质流逝、生命代谢、能量转移，这些都伴随着真实时间的变化。值得注意的是，真实时间作为一种客观的时间，它本身的流逝是不会随着事物的变化而变化的。但是，这一客体时间不能等同于运动中的物质，或是等同于时间中持续存在的对象。真正的时间与真正的对象事件是分开的。

综合而言，时间是一种流动的介质，是四维的载体，位于三维世界之上。也就是说，无论发生什么，都无法阻止时间的消逝。人们常叹岁月无情，时间如流水匆匆而逝，青春豆蔻的少女转眼间垂垂老矣，这样的例子比比皆是。时间的流动是一种必然现象，并且每时每刻都在进行，人类作为时间的心灵体验者，只有等到生命耗尽，才会停止流动。所以说，"一切都会过去"，也就是说，万事万物终将会消失于这个世界上。

然而，从另外一个角度来说，"一切都不会过去"。曾发生过的事，曾做出的改变已成为无法抹去的历史。席慕蓉曾说："在我们的生命开始之前，世界早已存在；当我们的生命消逝之后，世界会一如既往，但我们的努力已留下印记。"因为时间具有流动性，因此事物不会停下向前的脚步；也正因如此，前一刻发生的一切，后一刻无法改变。

逝者如斯，岁月如同抓不住的林间响箭，时间也好似捞不起的指间清泉，那一切悲欢、荣辱都会被推着向前，但它们发生的那一刻，即成了时间"定格"的永恒。从事物本身的历史存在性角度来讲，即便时间过去、事物消失，但发生的一切都不会过去。

对立面的背后总有一个多元的统一，"时间"也不例外。从哲学的角度来看，它们并不相悖且可以高度统一。过去的事物的确会在某一天消失得没有痕迹，永久地辞别于世间；过去的事物也的确真真切切地发生过，在历史卷册中留下了永恒的一笔。从两个角度背后分析，不难得出结论：过去的万事万物都在消失中。

指导教师：沈冬芳

我们的时间

◎刘鸿章

  时间，是钟表上的指针，是由绿变黄的树叶，是秋去春回的大雁，是运行着的世界本身。我们对时间这个概念，既熟悉又陌生。我们不免抱有疑问：时间究竟是什么？

  这个问题，任何人也无法直接得出答案，但我们可以尝试着从了解时间的基本信息开始。时间一般可被分为三类，其一即无处不在的由数字或指针所显示的"时钟时间"。我们通过对世界的探索，发明了时间的度量法，形成了最贴近我们日常生活、每个人都必须使用的直观时间。其二，则是每个人所经历的"心理时间"或"体验时间"，比如在进行消遣娱乐时感到时间过得很快，又如工作时觉得时间过得很慢，在我们个人经验之中的时间是可以被感受为"快"或"慢"的，因为我们会把感受到的时间与先前经验的时间作比较。格森则用"绵延"这一术语谈论体验时间。尽管在现实生活中我们很难将意识中的内容除去，即我们很难直接感知"无"，但在这种意义上所谓的"无"就是被剔除外在对象和事件的、我们意识到的时间，也就是说时间是我们意识的连续体。其三则是物质运动所经过的客观时间，它本身的流逝不受外物影响，因此也被称为"真实时间"。

时间，如果将其分为三个部分，则是我们再熟悉不过的"过去""现在"和"未来"。在大部分人的眼中，如果将时间直观描述为一个单向的、无限延长的数轴，那么"现在"就是其中的一个小点。由时间的起点到这一点的连线就是"过去"，这一点与另一端的连线则是"未来"。这是我们体验时间运行的规律。过去是有主体性、可以被认识但无法被符号化的，可以借由我们的意识被"重现"出来，但在物质领域，成为过去就代表着它不再存在，这与我们的实际体验是矛盾的。那么，"现在"又如何呢？如果现在被描述为一个点，那么我们就不可能体验到任何事物，过去与将来被一个永恒的边界隔开，现在不是时间的一部分。

因此，我们必须重设时间的模型，即"现在"是有宽度的。这样一来，时间轴就被划分为三个而不是两个区域。同时，我们可以对时间下这样的定义：时间是我们意识的持续时间的经验，当下则是对该持续时间的时间周期的感知。那么，未来又怎么样呢？如果未来可以被我们体验，那么未来就必须被置于我们意识的持续时间当中，即未来就是现在。这样一来，传统观念中的因果与先后都将消失，所有的一切都是同时发生的，这显然与我们的经验大相径庭。但如果承认未来无法被体验，那就表明未来只是我们对于意识持续性的期望。如果意识中断，未来就不复存在。

这样一来，时间与有意识的个体就紧密地联系起来。我们的时间观念就随着经验的变化而变化。一个风烛残年的老人将会感到时光飞逝，并且经常回忆过去的场景；而七八岁的儿童则永远期待着明天会发生什么，很快会忘记今天的事情。关于时间与意识的连续性问题，相信不少人都在沉入梦乡之前有这样一个念头在脑海中闪过：也许我们一旦睡下，就消灭了今天的自己；当我们再次醒来，拥有意识的已经变成了新的自己。所以我们便可理直气壮地将今日未竟之事托付给明天的自己，然后便能稍稍安心地进入睡眠状态。虽然这样的假说完全不具有科学性，只不过是倦怠于今日的我们萌生的一种妄想，但却从一个侧面反映出人们潜意识中对于当下的不安和厌恶以及对于理想未来的某种憧憬。帕斯卡在《思想录》中说："我们几乎完全不思及当下；如果我们想到当下，也不过是为了借此安排未来。当下永远不会成为我们目标：过去与现在是我们的工具；只有未来才是我们的目的。如此一来，我们就根本没有活过，但我们又希望能够活着；而我们的安排总是为了以后的幸福，那无可避免的就是，我们永远无法幸福。"如果我们把自己的本质寄托于未来，那我们将不复存在；如果我们把事业遗留到明日，那我们将一事无成。存在主义哲学就提出了"活在当下"的观点。

萨特提出，"存在先于本质"。人首先存在，然后他创造了他自己。人并不是在出生的那一刻被设定成什么样子，也不是因为某个目的而被创造出来。人是在自己的经验中设计自己，每个人都可以成为独一无二的人。这样就强调了人意识的作用，也就是我们经验中"现在"的位置被凸显出来。存在主义要求我们活在当下，接受所体验的现实，把过去视作一本日记，把未来当作一种梦想，一切都是为了更好地活在当下而被建立起来的。萨特认为，我们如何创建当下，是我们自由意志的选择。我们可以允许回忆或感情来决定当下，也可以将对未来的不确定和展望充斥现在，归根到底，这是关于你将如何选择度过"现在"的问题。存在主义角度上说，任何人的时间观念都是如何度过当下的观念。

海德格尔在《存在与时间》中提出了他的时间观：时间本身无意义。存在是时间性的，同时人的存在是向死的。作为存在主义哲学的重要创始人，海德格尔也将人的存在与时间紧密地联系起来。人的存在从出生开始，到死亡结束，这就代表了存在的时间性，也就是说我们的时间应当在我们自身，换句话说，人是时间性的动物。人的衰老和死亡是不可逆转的，没人知道死神何时会敲他的门。因此，我们想要过好自己的人生，就必须把握自己现在拥有的时间，让自己的存在变得有意义，让这段在宏观角度可有可无的个体时间变得独一无二，去留下自己经历过时间的证明。

关于时间的思考从未停止，对于时间的认识也不断发展。康德在《纯粹理性批判》里说："时间不是别的，而只是内在感官的形式，亦即直观我们自己与我们内在状态的形式。我们将时间序列设想为一条无限延长的线。在这条线中，杂多构成了一个只具有单一向度的系列。我们从这条线的各类属性推衍出时间的一切属性。唯一的例外为，即前者的各个部分是同时存在的，而后者的各个部分始终是前后相继的。"认为时间是一种内在直观，只存在于意识层面，而我们最初对于时间模型的设想也是基于内在感官的认识，换句话说，时间的本质仍然是一个未解之谜。而物理学家爱因斯坦则给出了物理意义上的解释："时间是运动、变化的表现形式，是世界和万物的内在规定和组成部分，是具有客观实在性同世界和万物的其他组成部分处在对立统一关系中的'物'或'物质'"，认为时间是客观存在的，具有物质性，而非只存在于人类意识层面的体验时间。物理学上关于时间的唯物主义观点，实际上提出了另外一种理解时间的形式。这种理论首先将心灵的时间性与物质世界的时间区分开来，也就是将"体验时间"和"真实时间"分离，着重探讨真实时间的规律。从物理学的基本定律来说，保证其一直生效的重要前提就是定律本身在"未来"开始生效。量子力学相关实验对这样的理论提供过一些依据。如果决定物质世界的定律的效果是从过去到未来，那么定律会不断经历失效的过程——"过去"的东西意味着不再存在，意味着失去效用，那么要保证定律不断有效，就必须预设一个超过"物质"的存在来维护物理定律的正确性。推及此处，已经违反了唯物主义对世界的根本预设，也就是没有这个类似于"绝对精神"的存在。因此，物质世界就必须是从未来向过去的回溯性建构，通过未来不断"吸引"世界向未来的方向变化，也就是时间是从未来向现在的。这种理论由于不符合我们的经验事实以及证据尚不完备而无法被很多人接受，但也创新性地给出了一种可能解决时间本质问题的解法。

不同的人对时间都有不同的认识，关于时间的思考是追随我们一生的重大课题。我们如何看待时间，在一定程度上决定了我们如何度过人生。不幸的是，任何一个人，无论他的成就达到何种高度，无论他的人生经历多么丰富，最终都会湮没在时间长河里，成为历史车轮前进扬起的一粒灰尘。作为生命的我们被给予了无意义的时间，那么这段时间就必须要用来为我们自己服务，绝不应该浪费在其他任何一种用途上。如此一来，我们应当拥有一个相对普遍的时间观：把时间花费在自己愿意做的事情上，小到让自己获得幸福，大到为全人类的事业做贡献，这样才会让时间变得有意义。

总而言之，我们是自己时间的主人。不负时光，无悔岁月，活出自己满意的人生！

指导教师：林启华

节 日 之 用

◎杨　羿

　　所谓节日，是生活中值得纪念的重要日子，是世界人民为适应生产和生活的需要而共同创造的一种民俗文化，是世界民俗文化的重要组成部分。节日的起源和发展是一个逐渐形成，潜移默化地完善，慢慢渗入社会生活的过程。随着时间推移，节日的内涵和庆祝方式也在发生着变化。

　　我们也可以说，节日是时间线上一些特殊的节点。那时间又是什么呢？这好像是一个不那么容易回答的问题。时间并不是一个可以被人触摸或感知到的物质，也不是可以在人的脑海中构想出来的精神。简单来说，时间是一条直线，人们的活动始终沿着这条线前进，不能停止，更不能后退。从绝对者到原始感觉，然后是创造性直观，再到反思，最后到绝对意志活动。这是德国古典哲学家谢林的时间观念。这样的话术有点儿晦涩，但是浅显地看，谢林承认时间的可度量性，承认时间是可量化的直观力量。从哲学视角来看，时间被定义为物质存在和运动的持续性和顺序性。生活在 20 世纪的存在主义哲学家海德格尔这样理解："人们感知到的时间是通过具体事物的持续时间和发展顺序而得来的。"如果人们不做具体的事，那么人们是感受不到时间的。而即使人们做了事，时间也不是轻而易举便可被察觉的。而在不间断的时间延续中，人们发现时间在某些意义上有一定的重复，如二十四节气，秒、分、时，年、月、日，等等。人为地在时间上做一些"刻度"，标记出特殊的日期，久而久之，最初的节日便诞生了。

节日文化发展数千年，其作用也有着不小的变化。我认为节日的作用主要有三个"神""人""钱"。通俗地讲，就是传统、家庭和消费。

最传统的节日，莫过于民族仪式、宗教信仰等。远古时代的人们为了适应生产和生活的需要，开始纪念一些重要的日子。农耕民族根据天气与耕种的关系，发现了每年的某段时间天气转暖，某个日子白天最长，某个日子白天最短，某段时间昆虫复苏，于是有了惊蛰、春分、秋分、立春等"二十四节气"。后来又出现了把这些节气统一的历法等，然后就在历法中规定了某些日子为节日。

而宗教则是用精神世界的幸福解释物质世界的苦难，古时候贫苦百姓生活艰难，上位统治者为了巩固统治、维持政权，而创造了各种宗教。宗教告诉人们：这一生的困苦，都是为了来世的幸福（上天堂而不是下地狱；涅槃后登临彼岸而不是轮回人间……）然而，一生的劳累仍是现实存在的。为了每时每刻地牢记宗教，宗教节日应运而生。在中国古代，大自然的诸多现象人们都无法解释，比如雷电、火、地震等，因此，就产生了神话、神明和鬼怪，进而产生了和鬼神相关的节日，比如祈福、辟邪、迎新的春节、祭祀先祖的清明节等。而在西方，由于人们信仰基督教，便产生了纪念耶稣降生的圣诞节、纪念耶稣复活的复活节……正月初一不仅仅是新年伊始，在佛教中也是弥勒佛的诞辰。四月初八是释迦牟尼佛圣诞，而腊月初八人们喝腊八粥的原因之中包含着释迦如来成道……国人也仍保留着新春扫尘、贴对联、剪纸、挂年画、放鞭炮、守岁、拜年，元宵节吃汤圆、赏灯，清明节折柳、放风筝、扫墓祭祀祖先，中秋赏月、吃月饼等传统仪式。德国古典哲学家费尔巴哈有言：并非神按照他的形象创造人，而是人按照自己的形象创造神。人们以宗教的形式过节，莫过于是为了解释某些能力所不及的现象和庆祝人类自己的不起眼的辉煌。

节日与家庭的关系，之前还是很紧密的。家庭是社会的一小部分。而据马克思所指出的："人的本质不是单个人所具有的抽象物……它是一切社会关系的总和。"因此，人们是无法脱离社会，也没办法和自己的家庭无所来往。在古时候，由于交通、技术等的限制，人们不能够时刻与亲人相见，团聚的日子很少，因此，关于家庭的节日诞生了。春节时分，是一年的开始，远在他乡的客者大多会回到自己的家乡，和家人、乡亲夸耀过去一年自己攒下的钱，长过的见识……春节时刻，一家人聚在一起吃年夜饭，畅谈前一年的收获。中秋圆月，家人们吃月饼、赏圆月，在一年的中间，聚在一起的家人怀念不能够回到家里的人。在外乡的人孤身吃着月饼，也许也在想着共赏一轮月的亲友们。重阳节，人们或登高，或插茱萸……不论节日令人欢悦还是悲痛，好像都会使得一整个大家庭团聚。古希腊哲学家亚里士多德曾经说过人是社会性动物，这样的话好像有些生硬刻薄，但是，人的确离不开他人的陪伴。所以，人们相聚的节日就显得尤为重要，无论是在车马很慢的古代，抑或是在飞速发展的现在，人与人之间，人和自己的家庭之间的相伴总是少不了的，从没有听说过哪个人可以不依靠别人而真正地一个人生活。尤其在古时候，几个专门用来团聚的节日更被人们所看重。这些在当下的部分人看来可能意义不大，乃至于浪费时间、金钱等的节日，对于古人来说，可能是他们离开乡土后，为数不多的返乡探亲的时间了。但是在信息时代，人们在屏幕里就可以清晰地看见家乡、亲人。智能科技便利了人们的生活。

　　而时至 21 世纪，节日好像又被赋予了消费和金钱的意义。在现代社会，物质极大地满足了人们的需要，人们对客观世界的理解随着科技的进步日益完善，大多数人不再信仰缥缈的宗教以换取精神的安全感。科技的进步也使得人们真正生活在同一个地球村。因宗教或家庭而生的节日好像越发不受重视，越来越少的人在庆祝这些节日。在信息时代的消费狂潮中，消费的节日由此产生。消费是后现代性的结果，其要旨在于放弃现代性的基本前提及其规范内容，反对中心性、真理性的观念，坚持不确定性的主张。消费主义也正是与这种理念不谋而合。伟大的古希腊哲学家苏格拉底在一个热闹纷杂的集市上这样说着："原来我不需要的东西有这么多啊！"但时至今日，苏格拉底的这句话好像偏偏不被人们记住，或者说不被人们认可。商人竭尽全力地让人们消费、购物，让人们把刚刚收入囊中的一点儿薪水，掏出去换一些自己用得到或者用不到的"好"玩意儿。而平日里的消费量甚至不足以满足商人的欲望，于是诞生了"6·18""双11""双12"等购物节。这些节日并没有深刻的内涵或者丰富的意义，只是商品的价格相比平常打了些折扣，这却极大地激起了人们的消费欲望。而这恰恰中了商人们的计。伊壁鸠鲁的快乐主义理论这样认为：虽然快乐与幸福可以相等同，但把快乐与享乐视为同一是错误的，人们应当谨慎地选取快乐而不是放纵自己享受快乐而不顾后续的痛苦。如果人们盲目消费，罔顾自身能力和需求，那无疑会导致比消费的快乐更加难以忘却的痛苦，甚至消费可能使得人们忘记了除物质之外的其他，如宝贵的不可或缺的精神世界和前文所提及的家庭等。

千余年过去，节日的作用已经有了天翻地覆的变化。一些传统节日好像逐渐被遗忘。而随着互联网的发展和现代人际关系的变化，人们不再那么重视与他人的联系，好像在网络上也可以过得很不错。但是人们仍需注意，生活的目的不仅仅有物质，人们更应该注重弥足珍贵的传统和人与人交流碰撞的机会。毕竟，节日最原初的目的是纪念一些富有价值和意义的日子，而不是盲目融入于纯粹的精神（宗教）或物质（消费）世界中。

节日是人们为了自己而"发明"的东西，起源于宗教，那节日理应回到它那之前的样貌，人们在物质和精神中间寻找平衡，而家人则是让人们兼顾外在和灵魂的法宝，与家人共度节日，也许才是人们最好的选择，也只有这样的节日，才最有价值和作用。

指导教师：林启华

论 永 恒

◎王婧萱

在人们的话语中，"永恒"这个概念时常出现。"永恒"的含义是永远、恒久，其中往往寄托着人们希望某件事物永存的愿望。反之则是片刻、短暂的。当我们在日常生活中脱口而出"永远"这一类词时，也许注意过它值得我们辨析的一面。古今中外的人们围绕着它进行了许多的思考，例如柏拉图就认为"人生于永恒，也必将归于永恒"。那么"永恒"究竟是什么？

有人这样定义"永恒"：事物始终以一种形式永远存在，不受任何变数的影响。这是一种绝对的永恒，绝对的静止，它真的存在吗？也许不是。世间的一切事物都存在于时间中，存在于当下的事物也存在于过去，又走向未来。这是物质世界运行的必然。"逝者如斯夫，不舍昼夜。"时间这一看得见又看不见的东西带来了变动，时间长河冲刷着世间万物。它能使种子从沉眠走向萌发最终枯萎归尘，即使是岩石也会在某一日风化殆尽。

绝对静止的永恒大概是不能被具体的物质形态承载的，因为它过于沉重又过于宏大，在它面前，一切物理意义上的事物都会分崩离析。"哀吾生之须臾，羡长江之无穷。"人生有限，夏虫不可以语冰，人类在天地间更似蜉蝣，面对时间就已经显得渺小。况且人类对时间的感知天生就是线性的，无法理解更无法见证这种只可能存在于时间之外的永恒。

而且，假使它真的存在，大概也不是什么值得我们效仿的东西。让一切都静止不变，就能把一切都永久地保留下来吗？这样的永恒固然表面鲜艳，但说到底，它的本质还是如同一潭死水，最终被时间抛下，显得格格不入。就像在如今这个日新月异的世界中总会有人自嘲"跟不上时代的脚步"，又如在世界多种神话中有类似的孤独的"烂柯人"。因此，对绝对永恒的追求不一定是有益的行为。

曾经掌控天下，高声宣布着"日亡吾乃亡"的残暴的夏桀早已被碾在了历史的车轮之下。没有人能作为单独的个体与日月同寿，更何况他试图将自己的意志凌驾于天下人之上，做的是比在激流中逆水行舟更危险的事。

但是，要是真的想触摸到永恒的存在，也许可以把目光投向那些更加抽象的事物。具体的物质形式达不到永恒，但我们可以在过去的时间里，抽丝剥茧寻出一些不变的规律。从这种角度来看，似乎是有一些"永恒"存在的可能性的。

有些规律可以较为简单地被论证。先提出这样一句话的假设："人死不能复生。"这句话永恒成立。如果宇宙中没有永恒，那么这句话就应该被改为"'人死不能复生'这句话可能成立"，即"人死可能复生"，这显然是与实际不符的。

有些规律可以在思考、实践、论证中加以总结。在物质世界永恒运动、变化、发展的过程中，唯变化不变。从宇宙大爆炸开始，宇宙的边界一直在拓展；地球 46 亿年来不断演化，从冥古宙螺旋上升至显生宙；人类社会也经历了漫长岁月，如今仍处于不断发展之中……

而又如儒家的"天行有常，不为尧存，不为桀亡"，道家的"（道）独立而不改，周行而不殆"之类话语的流传，体现了许多哲人都认为：在这宇宙中有普遍存在的规律，可以达成永恒……诸如此类的其他观点，也是类似的思路。人们开始有意识地在生活中寻找、总结事物存在、发展的规律。即使这些规律暂时不能被我们所知，也依然在世间存在。从一定程度上来讲，它们会在将来被我们认识。

或许我们也可以来谈论相对的永恒，毕竟我们现在正踏踏实实地生活在这个世界上。

某种在人文意义上独属于我们的"永恒"概念，是一个相对于单薄的个体来说可以世世代代流传的东西。虽然事物和人会消亡会死去，但就像"许多东西在很早以前就提到过了"这种说法一样，一部分存在不会随着人类繁衍迭代而被湮没。有一些我们作为人类的共同的信仰追求，有一些人们如同星星般闪耀的精神品质，会被作为美好的事物传承下来。或者举一个反面的例子，人的犯罪行为几乎不可能被完全杜绝。因为无论是真善美还是恶，都是人的本性的体现。即使随着沧海桑田、时代变迁，人的观念会改变，人的生活环境会改变，但人类的本性仍会有着共同之处。

也存在这样的一种观点：永恒即是瞬间。"你怎么写永恒？刚刚消逝的太短暂的瞬间。"瞬间与永恒，二者在含义上对立，又统一在一个整体中。没有"瞬间"就无法定义"永恒"。按照海德格尔的解释："永恒在瞬间中存在，瞬间不是稍纵即逝的现在，不是对一个旁观者来说仅仅倏忽而过的一刹那，而是将来与过去的碰撞。在这种碰撞中，瞬间得以达到自身。"这似乎是一个抽象的理论，但也能应用于我们的生活之中。正如尼采所言："人类的生命，不能以时间长短来衡量，心中充满爱时，刹那即为永恒。"当我们的心中洋溢对世间万物的热爱时，所见所闻皆是美好的事物，稍纵即逝的美在心中留下，留下的是瞬间的永恒，永恒的瞬间。

或许在追求"永恒"之外，我们应更多地把目光投向"当下"，抓住现有的每一分每一秒。即使我们的生命并不与世长存，却也有可能绽放出最美的花朵。昙花一现固然可惜，但那是生命的极致。我们抓住生活中的点点滴滴，让自己的生活变得更加充实，让自己一步一个脚印地前行，直到最后走完这样不完美但真实的人生。自然界中一切生物的寿命都有尽头，本就不是永存之物。用生命长短来判定是否有意义是不应当的。

"永恒"对于我们而言，可以是一个特殊的标尺。这个词使我们在思维上跳出自身的局限，在新的更长久的维度上思考起更高远的事物，并用它来重新审视现在的生活。我们怎么去更靠近永恒，理解永恒？我们可以去探究、顺应那些亘古不变的运动规律、世界法则，因为人的智慧接近无限。我们可以追寻那些自古以来的精神力量。人的意志镌刻在一砖一瓦上，共同筑成坚牢的壁垒，即使它在千年的时光中有所磨损，也会被一代又一代的人加以修葺。我们可以将自己托身于这个社会，找准方向，把尊重客观规律与发挥主观能动性相结合，众人合力就足以创造历史，在时间上刻出深深的印痕。我们可以坚持正义，坚持美德，坚持自强不息的精神……这样我们也许就把自身融入了"永恒"的一角。我们的所作所为似乎仅是过着自己的生活，却在某种程度上又寄身于恒久大道。

最后想想，那我们为什么会构思"永恒"这个概念呢？这大概不会有一个真正完全的定论。它可能是我们的先祖在星幕下仰望夜空时所产生的对于宇宙人生的思考，可能是一位旅人跋山涉水见到美景后想要永久保留它的愿望，可能是缠绵病榻的某人突然产生的对自身注定消亡的悲哀……在远古时期，人类面对自然界显得无力、弱小，或许有人就开始渴望获得"永恒"的安全，想要在其中获得慰藉，想要通过崇拜永恒的事物来寻求心灵的寄托，就像有些宗教信仰者会对他们所信的神加以"不灭"的光环。又或者有时当我们在生活中谈论永恒时，我们也许不会想太多，只是用话语反映我们的内心，这是对保留那些美好事物的期许的自然流露……

无论如何，"永恒"就这样久久扎根于我们心中，而我们对永恒的渴望也不会止息。我们或许摸不清永恒的性质，无法给它下一个最准确的定义，无法践行绝对的永恒。但我们不会就此停下思考，也不会停下追求的脚步。

指导教师：张培培

存 在 之 思

◎钱佳漪

    当我们思及"存在"之时，似乎总免不了会和"死亡"挂钩。无论我们身处哪个时代，抑或是哪个国家，总会遇见某个人，或是自我本身，紧锁眉头而又满脸悲戚地抛出这样一个疑问："既然人的最终结局总会是死亡，那么一个人的存在又有何意义呢？"于是，便顿觉人生无趣，即使身为青年人却也表露出了超越年龄的沧桑。然而，当思索加深时，便不难发现，这一问题不过是角度不同而引发的悲观谬论。

    以死亡之结局去思考存在，那么存在自然是无意义了。死亡将一切存在统统不假思索地归为了幻灭。实际上，这是一种以结果为导向的思维。然而，存在这一过程，并不是由结果就能决定其意义的，因为过程与结果，本就无法相提并论。

    然而，从比比皆是的"以考试结果定学习过程好坏""以业绩评判工作努力与否"等现状中可见，周遭的社会大环境所强加给我们的价值评判观是：过程的意义要靠结果去赋予，倘若结果不好，过程自然也是不好的。但实际上，过程的好坏并不与结果的好坏直接挂钩。过程的存在有其本身的意义，正如要建三层楼房，想盖第三层首先得有前两层；又像是要吃饱肚子，想要最后一个馒头的饱腹效果，不能没有前面吞下的馒头。所以，由此可见，存在的意义就是其本身，其本身所拥有的价值就是存在赋予的意义。

而回到存在与死亡的关系上来看，恰恰是由于有了"死亡"，才会有"存在"的概念，人类对于"存在"的认知源于他们对于"死亡"的恐惧。就像海德格尔所说："向死而生的意义在于：当你与死亡无限接近的时候，生命的意义才会被深深地体味到。"简单地说，"向死而生"就是指，人是必须面对死亡的，这是生活的真实。而且，"存在"这一概念只存在于具有自我意识、思考能力及语言能力的人类之中，在人类之外的"存在"是无法显现的。"物"只能"有"，而不能"存在"。

如果说死亡就是意识的终止，那么可以说我们其实是并不担心死亡的，因为当我们每天进入睡眠时，我们的意识便终止了。单从字面上来说，我们每天都会经历一遍死亡。但是，我们并不恐惧，因为我们普遍认为我们会醒来。

真正与"死亡"相伴的恐惧可以分为三类：第一种是害怕受苦，这是最现实的；第二种较不常见的恐惧，则是困惑结果；第三种焦虑可以说是无孔不入，这是一种普遍的恐惧——恐惧（自己）不存在。这种对于死亡的恐惧并不是害怕地狱中的某种惩罚，也不仅仅是对于未知的恐惧。相反，我们是对不存在本身产生了一种不间断的痛苦。

为了缓解这一痛苦，人们对多种多样的天堂和地狱做出了无尽的沉思。比如瓦尔哈拉（北欧）——永生的伟大宫殿，英灵战士们等待奥丁一声令下参加在诸神的黄昏中那场最后的战斗；极乐世界（希腊）——世界尽头俄刻阿诺斯河岸边的一个地方，那些得到神青睐的人可以获得完美的幸福奖励；伊甸园（波斯）——一个草木繁茂、郁郁葱葱的绿色公园，作为正直灵魂等待耶稣最后复活的一个临时栖息之地；乐园（伊斯兰）——奖励忠于真主的信徒的地方，他们穿着丝绸和锦缎长袍，享有所有人类可以想象到的世俗快乐；天堂（基督教）——上帝的居所，所有的义人在最后的审判之后，在神面前过着完美幸福生活；天堂（吠陀）——高居尘世之上的一个欢乐世界，在那里，尘世中忠实的、美好的东西将会永远存续下去；布莱斯特群岛（俄耳甫斯）——神秘的希腊小岛，在那里可以得到净化和重生，获得永恒幸福的奖励；奥西里斯之国（埃及）——西部沙漠中的绿洲，有着茂密的植被，得到祝福的亡灵，将会永远憩息在树影下。这些沉思反映了我们所抱有的一种信念：在内心的深处，直觉认为自己是不朽的。但与此同时，又被一种矛盾的心理撕裂着：一方面，明白人都会死亡；另一方面，对于死亡有着一种本能的抵触，总觉得"死亡"并不会真正地降临到自己的头上。

有趣的是，这一对于"不存在"的恐惧仅仅存在于未来。对于过去的不存在并不会困扰我们，就像我们知道二百年前我们之中没有一个人活着，但是对此毫不在意。然而，知道没有一个人能活到二百年之后，这却深深困扰了我们。海德格尔的存在主义哲学对此有过解释。他在他的代表作《存在与时间》中提出，只有对一种事物的体验——时间——对人的存在来说才是最真实的。存在不是从过去来的，其实是从未来来的。

思及此，就不得不思考一下"存在"究竟是什么了。"存在"是一个哲学概念，从 20 世纪哲学家的定义来看，"存在"是难以改变但能改变的；而与之相对的不存在（虚无）则是难以控制但能够控制的。要想分辨二者，则需要关注其外延对于该物的影响。

纵观哲学史，"存在"有许多不同的定义，其中大致可分为以下几类。巴门尼德认为，在时间、空间中一直存在的，是存在；存在是一，完满，不变。亚里士多德则认为，理性所描述的对象，绝对主词所对应的实体，是存在；存在的实体是多，是质料和形式的复合物。在基督教哲学中，上帝才是真正的存在，是绝对的意志和完满的理性。对于笛卡儿而言，我思故我在，存在是我思的主体。叔本华、尼采两位认为，意志主体而非理性主体才是存在。海德格尔提出，存在是什么，依赖于对存在的解释。贝克莱则给出命题：存在就是被感知。

在我看来，"存在"可以被清晰明了地认知，但与此同时，它绝对不是一种简单、无须解释的概念。然而，现实中，人们往往认为"存在"是显而易见的，因此不假思索地认为无须发问"何为存在"，更别提研究"何为存在"了。实际上，解释"存在"是哲学所思考的终极问题之一，因此，作为思考者的我们，若是将"存在"这一最隐晦的哲学概念认为是最简单、明了、无须解释的，那么便注定犯了大错了。

在了解"存在"之定义后，再反观"死亡"，会发现人类对于死亡的恐惧归根结底来源于短视。科林·威尔逊说过，所有的"高峰体验"似乎具有相同的"内容"：人类的主要错误是太过关注日常琐事。我们是极其低效的机器，仅仅利用了一小部分力量。凯斯特勒"神秘的"洞察力让他感觉，甚至死亡的威胁都是一件应被忽略的琐事。"那又怎样？……你根本无须过多地去担心它。"死亡向我们揭示了，生活一直是一个很长的基于细枝末节的误判。在无限的宇宙的环境之下，每个人都可以算作存在，也可以被称为不存在。个体在无尽之前表现得那么渺小，以至于其具有意识的所谓"存活时间"几乎可以忽略不计。但是，诸如那些伟人们，他们在历史的画卷上都或轻或重地留下了一抹绝笔，对于当今或者后世有着那么深远的影响，使得他们仿佛又无时无刻不是存在着的。因此，有时候只是稍稍切换一下视角，转自我中心意识而为一个宏观的人类历史角度，这样，或许我们能够拥有更加开阔的思想。

至于存在的意义，像海德格尔和萨特这样的存在主义者认为，个体只有在对抗死亡本身的情况下才会赋予生活以意义，但这种"闪光的本真性"无法成为日常意识的一部分。又有许多现代西方哲学家争辩说，存在没有真正的价值；每个人都必须给自己的生活注入意义。

于是，在许多人眼中，存在似乎只有在与死亡相抗衡的时候才拥有其价值。但我们其实存在于一个更宏大的背景之下，它可以因为"我们"这个有意识、有思想的个体而被赋予其本身所不具有的意义。我们的存在，因为我们的不同，而从一个短暂的瞬间变为永恒。

指导教师：沈冬芳

存在：死亡哲学的最优解

◎李佳瑶

哲学史上有这样一个伟大的问题：我是谁？我从哪里来？我要到哪儿去？这三个问题能够帮我们了解自我、剖析人生。但换个角度思考，人的最终归宿都是一抔黄土——死亡。因此我们可以在此粗略认定：死亡哲学是哲学中的终极命题之一。

《像哲学家一样思考》一书提到一个现象：每种宗教传统都会想出一些办法来减轻死亡给人带来的痛苦，帮助我们接受它。但也由此引发了我们的思考：我们为什么会害怕死亡这一存在？为什么人类会普遍否认它？

文艺复兴以来，上帝死去，宗教的慰藉再也不能掩盖人生的悲哀，生命的痛苦折磨着人的心灵。同时，比起死亡，没有哪种经验更能迫使我们进行哲思。

为了更好地面对死亡，首先，我们必须知道"死亡"到底是什么。我们似乎很难定义死亡。将死亡的全过程大致分为两段，即"濒死状态"与"死亡瞬间"。我们从前以"一个人的心脏停止跳动"来定义死亡瞬间，但这种说法已然过时。在科技高度发达的今天，人工手段在某种情况下可以帮我们维持器官鲜活和机体生命。但通过人工手段维持着生理活动的这种个体，还能算是"活着"吗？这个问题的答案仍是有待商榷的。

书中有个很有趣的观点：死亡是一种非体验。我很认同。世界上不存在所谓的死而复生，也就是说我们无法通过经验总结而彻底理解死亡。人靠经验来习得万物，但死亡是经验的终止。维特根斯坦有个观点与此是一致的："死亡不是生命中的任何事件。它并不是世界中的任何事实。"

在一些死亡学专家看来，"死亡"结局可被分为意识消逝的内在体验和肉体消亡的外在经验。没有独立于生命的死亡，则生命成了死亡的囚徒。

从物理主义的层面来说，我们姑且将死亡定义为"一切都不存在的状态"。那么对于这样的肉体论者来说，就会面对另一个问题：假设如同一切非现实创作中所写，人死后被复活（定义为肉体得以重塑，身体机能恢复），但复活的人失去了生前一切记忆、情感、思想和习惯，通俗一点儿来说，如果确认了一个人的"转世重生"，那这个人还是之前的那个人吗？他的存在对你而言还有必要吗？于是相反的意见产生了：对于人格论者来说，意识的消失象征人格的泯灭，这才是死亡的终结。

毋庸置疑的是没有人有资格定论到底谁的观点是正确的，但学会应对死亡能够帮我们减轻对不存在的焦虑以及我们与垂死连接的痛苦。于是我们紧接着要思考的问题就是：意识的终止与生理过程的终止，我们惧怕的是哪一个？

倘若说意识陷入混沌是一种无法接受的恐惧，那么想必人们也不再拥有安眠。多数人并不惧怕死亡本身，而是惧怕与其相伴的痛苦与绝望。

惧怕死亡的常见理由大抵可以分为三类：

其一，害怕受苦。这是相对来说最好理解的。当我们听闻到远方的苦难，甚至是近在咫尺的亲友的病痛，我们或多或少都会为之感到惋惜和同情。当我们看到麻风病人正承受着神经逐步坏死所带来的疼痛而流下生理性的泪水时，当我们听到癌症病人饱受折磨发出痛苦的呜咽时……疾病的英雄主义在捍卫生命的最后军旗。痛苦与肉体感受，绝望于清晰地看到了自己生命的流逝。不可遏制地，我们会有种感同身受的恐惧。

其二，困惑。这种较为不常见一些，但可以通俗理解为个人思考缺失导致的对死亡的不完全认识。

其三，害怕不存在。这可以说是这三类中最为严重的以及无孔不入的死亡焦虑。前两点只能靠个人意志去接受、去理解，但第三点是引发无数哲学家讨论却至今无人解答的困惑。

我愿将"害怕不存在"这一理由再大致分为两类：一类是害怕"不存在"的事物；另一类则是惧怕自己生命个体的"不存在"。前者就像但丁《神曲》中勾画的地狱，或是我们中国人从小听闻的"阴曹地府"之说。类比一下，其道理也是相通的。出于对未知"不存在"的事物的恐惧，人们会连带着惧怕死亡。

平庸的人无法体会到痛苦与死亡。因为确保"生命有其确定无疑的特质，全然独立于死亡"对正常人维持肤浅的心灵平衡不可或缺。当人们通过死亡进入虚无，当疲惫感无可挽回地将生命毁灭而死亡获胜时，真正的痛苦就会发生。书中提到古希腊人有一种信念，即认为人的精神是自由的，由此提出了"永生边界"的概念。

"永生边界"的含义也十分有趣。究其根本，其实是出于对"不存在"的恐惧以及无法理性应对这种非理性的恐惧，从而人类意志派生出了死亡的对立面：永生。北欧瓦尔哈拉、希腊极乐世界、波斯伊甸园、伊斯兰乐园、吠陀天堂、俄耳甫斯布莱斯特群岛、埃及奥西里斯之国……人类有着无数对天堂和地狱的沉思。因为恐惧失去生命存在的现实，所以我们抱有"我们并不会真正死去"的信念。就像弗洛伊德指出的"每个人在其潜意识中都相信自己是不朽的。"我们清楚地知道自己死亡的必然，却本能地抗拒它而期望灵魂永存。

后代的许多哲学观点其实也可以理解为是为这个想法做辩护。一般情况下，很少有人会将人的身体与自我本质看成一体。例如典型二元论者——笛卡儿，他的那句"我思故我在"，其意为"我唯一可以确定的事就是我自己思想的存在"，由此可以映射到那个著名观点"缸中之脑"。但我们也可以展开联想。如果我们只能确定思想意识的存在，那么肉身的存在便是不值一提的疑问，也就没有了既定的死亡。在思想消亡之前，人类意志得以永生，也就是灵魂不朽。

谢利·卡根教授在一堂探讨死亡哲学的课上提出：人之所以爱智慧，源于人的有限性和必死性。时常受到死亡恐惧威胁的人类，制造出各种游戏或"谎言"，使自己忘记死亡，在愉快中一步步接近死亡。宗教、哲学和艺术都是人类发明出来的"谎言"。人不能离开这样的谎言，因为人生有限，因为人生无常，更因为人生艰难。

至此，我们大概分析了人们对于死亡的定义及惧怕的原因。那么我们到底该如何面对死亡？什么才是死亡哲学的最优解呢？

西方存在主义创始者海德格尔在《存在与时间》一书中提出了"向死而生"的概念。人存在而无意义，但人能创造意义。死亡是个人的内在可能性，也是个人存在的极端性。存在者的一生都是漫步在旷野上的赴死客，无法跳脱出"濒死状态"的束缚。但是在这个向死的过程中，人能真实地感受到"存在"。以"死"之必然激发"生"之欲望，便能"置之死地而后生"，从而真正存在。死亡哲学的内涵就是如此。

就像佛陀那直言不讳的评价："活着就是受苦。"在黑塞的笔下，悉达多的一生就是在不断告别：告别双亲和家园、告别好友和尊师、告别信仰和挚爱，最后告别旧我。从婆罗门之子到沙门，再到富商和船夫，最后到一个普通的老人。悉达多在经历过罪孽，贪慕过虚荣后，学会了放弃挣扎，不再将世界与他心中的完美期待进行比对，而是学着去接受和热爱。"时间被终结，人视过往、当下和未来的生活为同时……死如同生……世上并无涅槃，涅槃只是个言辞。"他没有惧怕死亡或许会使自己追求一生的思想泯灭，而是以存在去赋予自己人生意义。

也许寻常人无法理解世尊佛陀一面分割为二面后仍饱含的

豁达，但即使是长久立于绝望之巅的齐奥朗也愿意为了他荒谬的激情甚至是绝望而活。他折服于生命和存在本身。"生命对我来说充满折磨，但我不能放弃它，因为我不相信什么绝对价值。"

伊壁鸠鲁曾在《致美诺西斯的信》中提到：请相信死亡对我们来说什么也不是。因为一切好的与坏的东西都是感官的感受，而死亡正是对感官的剥夺……一个人只需意识到，死后的一切根本不足为惧，那么他生时的痛苦也会随之消散。如果一个人说他惧怕的不是当下的痛苦，而是尚未到来的痛苦，那么他就是一个彻头彻尾的愚人。因为死亡实际上并不伴随着痛苦，只有当下的苦恼才是痛苦的根源。

不要让未知的痛苦困扰我们太多，目前为止，人无法习得死亡，无法窥探永生。那么我们能做的就只是存在。存在于荒芜挣扎的人世间，品味泥泞的夕阳逐渐湮没我们，并在其中寻找我们独特的生命与死亡。像密涅瓦的猫头鹰在黄昏中飞翔，时时反思、时时延续，以个人的渺小存在创造丰功伟业，抑或过好平凡的一生。因此，存在便是死亡哲学的最优解。

指导教师：张培培

论历史研究的意义

◎朱煜恺

　　"历史"一词对于当今的人可以说是完全不陌生，然而，对于它的确切含义以及其包含的更深层次的问题，却是鲜有人问津。

　　历史是什么？对于历史的定义，不同的文明、不同的国家，乃至不同的个体都有其不同的理解，但是大体上都可以概括为一个意思：过去的事。这种说法似乎无可厚非，符合常人的理解，然而其实并非如此。就"历史"这个词的客观意义而言，历史并不是一连串的事实，历史著述也不是对这些事实的叙述。相反，历史引导人们去做的是"理解事实"。

　　为什么这么说？从思维角度来看，每个人都有其思维背景，而每个人的身外都有一个社会大背景。任何情况下，人们都在认识更多的东西，被各种各样的经验包裹着。用通俗的话来说，一个人的思维在极大程度上受环境的影响，且带有自己的主观感受，即每个人都是客观环境与主观意志的结合体。人的思维是有其局限性的，因为人总是受到外部环境的制约和个人经历的限制。由于人的肉体是有局限的，所以作为精神载体，肉体中所存在的人的思想也受到了其个体的经历的限制。在这样的情况下，人人都形成了属于自己的世界观——尽管可能尚不自知。简而言之，在这样一个由外部环境搭建的"经历"的框架之下，每个人所经历的都是属于自己的世界，即"我的世界"。这样也就无怪乎为何有些人觉得世界是美好的而有些人觉得人生是无望的，有些人觉得人心是险恶的而有些人相信世上还是好人多。连同个人因素如心理疾病都包括在内，每个人在社会中成长，经历的一定是不同的人、不同的事，因此形成的认识一定是不一样的。每个人的视角、思维、立场，从接触任何事物开始，都是处在这样的自我局限的前提条件下的。由此我们引入一个抽象概念：自我中心的困境。

自我中心的困境就是形容每个人都受困于自我之中，这样的困境对人们看待其他事物的方式产生了限制。虽然我们比起祖先们，看待宏观世界的思想已经进步了许多，但是任何人无一例外都在宣称自己是"更大的、完整的、有意义的部分"，骨子里仍存有以自我为中心的倾向。我们不妨来试着像古希腊先哲一样去探求这个世界的本貌：试想现在你坐在一间平平无奇的屋子里，四周墙壁和许许多多随处可见的建筑一样刷上了白漆。有人问你：你面前的墙壁是什么颜色？白色的。这个问题也许一些人都不屑于回答，还要用狐疑的眼光瞥一眼提问者，仿佛在用眼神表达不理解：你难道自己看不出吗？因为但凡是有颜色辨别能力的人都会毫不犹豫地给出这个回答。光线由墙壁反射进入我们的眼中——这是你的认知在告诉你：这个颜色是白色。但是它为什么是白色？大脑反映出的信号告诉我们这是白的。那么这么说来，与其说墙是白的，不如说它"看起来"是白的——对我们来说是白的。"它是白的"这本是不争的事实，现在带上了主观的色彩。那么它本来应该是什么颜色的呢？这下子没有人可以断言了。正是因为我们的一切认知都受制于人的肉体，因此，这一疑问至少目前无人可以回答。这一例子说明，我们生活的这个环境其实都充斥着自己给事物贴上的标签：它是白的、它是汽车、它是高的……因此，我们在自我中心的困境下，对感知失真，对事物不断进行毫无意义的宣称。

讲到这里就可以解释为什么历史就是"理解事实"。因为"事实"并非我们理解的事实，它更接近于"本质"。无论是研究人类世界还是研究自然界，人们都要受制于自身的思想局限，最主要的局限是在我们努力理解现实时，我们的思想不可避免地会歪曲现实。其所谓的歪曲的现实，也就是指人们的客观体验，即内在的主观体验和外在的客观世界结合的产物。它产生的意义在于，客观存在若没有了人的参与就失去了意义。世界的秩序是人类安排的，意义是人来灌输的。

由此我们引入一个哲学概念："物化。"它指的是将抽象事物具体化、事物化，使人便于用"人的方式"来理解。我们物化了判断和意志、物化了价值、物化了符号、物化了人类思维、物化了人类体验——物化普遍存在。因此，我们必须用分解和歪曲的方法来呈现事实，这样才能在我们所能发现的真理的指引下行动和生活。在了解这些过后，便得出了历史的本质：历史并非客观事实，而是经由人主观改造的有序事件。历史必须维护每个事件的复杂性，同时也应该把它们建构成一个具有某种连贯意义的安排。

历史的意义何在？历史研究的出发点与其他学术工作一样，都基于一个假设：现实具有某种意义，而且是我们在研究活动中能够把握的意义。历史学家坚信，在人类社会的发展过程中存在独特性和普遍性，而人类世界中的变迁、异常和创造，都是其独特性的表现。历史学家的目标就是用他们的努力和智力捕捉住这些变迁、异常和创造。为了可以深入研究得知历史的内涵，在历史学中有一个普遍的假设：历史不是绝对的混乱或偶然，在人的行为中存在着某种程度的可观察到的秩序和模式，可以部分预见的规律性。这一所有社会科学的理论假设基础，也作为历史唯物主义的启蒙思想引导了近现代的社会变革与发展——一定意义上，正是因为历史学家们始终相信着这一假设，方才有了历史研究等社会科学的学问，因为若是不这么预先假设，就无异于向所有人高呼自己所在世界的荒诞与自己的研究必将无果的现实。作为一个矛盾的统一体，"历史关注的是独特性与普遍性之间的关系"，而这两者显然是以一种超出了认识论的方式相互联系的。将理解这些事物或"存在"作为目的的历史学家将如何入手？对于生活在物质世界的人来说，唯一的答案就是从历史本身出发，即在无数个事实和他们之间的联系中抽离出人类社会的本质。但是这就遇到了一个前面曾提到的问题：事实并非事实本来的面目。历史学家认为的"事实明摆在那里供人使用"的假定无疑是错误的。存在于人的头脑之外的原始事物或事件在人们可以说出它们之前，就已经经过人的头脑的过滤了。无论是就事实本身而言，还是就我们对事实的感知而言，上面所述的都是真理。事实本身不会说话，概念不是从证据中"浮现出来"的。只有历史学家光顾事实时，事实才会说话：历史学家决定哪些事实可以有发言权，按照什么顺序和在什么情况下发言。由人类活动深深打下烙印的人类历史，其性质也是充满了主观色彩；人们通常所说的"人类历史"并非这里所探讨的历史，亦非历史学家定义的历史。这是不同于"客观事实"的"探讨问题的框架"，而"问题"是由特定时空背景下的特定的人所提出来的。如果我们承认所有事实在某种程度上都是人的头脑的建构物，那么在这些事实中是否表现出这种人为因素就不能成为区分真假的有效标准。

上述的说理使得我们明白：前面的假设存在于假设自身所设定的事实之中，人们所探讨的客观也并非真正的"客观"。那么历史学家在自己的历史研究中所考虑的客观是什么呢？"我们可以把这样一种看法看作公理，即人类事务的研究具有某种意义，因此历史学家应该解释这种意义或者'制造'历史的'意义'。只要他在两个事件之间建立某种因果联系，他就开始'制造'过去的'意义'；也就是说，把过去整理成某种秩序井然的体系，以便人们能够理解。"这理解揭示了历史尚未被许多人知晓的意义：对自身的重新整理和呈现，使人们能以可接受的方式理解客观事实。

在了解过上述两个问题之后，我们还有最后一个问题需要探讨：为什么研究历史？也就是说，研究历史的意义何在？

对于人来说，一切的活动都是在有意识或无意识地将某一事物的某一层面提升到新的高度。简单来说，就是人所做的事对某事物有积极作用——这便是人类活动的意义。回顾上文围绕谈论的两个问题，其实经过概括都可以将其总结为这么一句话：因为人们看到的世界不是真实的，所以人们想通过历史来知道世界背后的真相。但历史本身就不是一个"真相"，于是人们深入研究并发展出了历史这门学问；否则历史的含义可能就只是停留在史官笔下的密密麻麻的流水账。这可谓是研究历史的最初发端。那么人们在历史研究中是否得到了什么收获呢？似乎没有。"我们从历史中吸收的唯一教训，就是我们从不吸取历史教训"，黑格尔的这一句话无疑无情地批判了人类全体在面临任何抉择时一再重蹈覆辙的可悲行径。有关于为何人类持续进行历史研究却无法阻止——至少目前无法阻止——同类们犯下相同的错误或只是重复前代的存在轨迹，这涉及了将历史理论运用于实践的领域，在此不做讨论，但是对与之对应的历史理论的研究是可以加以评述的。

正是因为人们透过历史看到了过去人们的所作所为，又目睹了现在人们经历的相似情境，并仿佛可以看到未来的人们也将这样循环往复下去，人们才更加坚定了要研究历史的决心，以期寻出路于其中。这一切都看似荒唐而永无止境，人们对历史发展的意义发出了提问：历史是不断进步的吗？如果确信历史是一个不断进步的过程，就必然引起一个问题：这种进程是否有一个目标？如果说有这么一个目标，那就又引起一个问题：无论人类是否自觉，人类究竟是否都将被迫奔向这个目标？总结来说，这些疑问所质疑的是人在历史的进程中有无相对自由的问题。

令人吃惊的是，大多数哲学，都不认为人只能消极地听命于必然性。在大自然的法则之下，只要人们了解了这些法则，并按照这些法则行事，就能自由地做出选择以实现自己的目标。按恩格斯的说法，就是"自由是对必然的认识""它必然是历史发展的产物"。由此可知，当历史理论的研究逐渐深入，直到质疑我们所经历的过去、当下及未来时，历史问题就已不再只是探究真相的问题，而是应由后世的人们一起解决的关乎人类发展与存亡的终极问题。希望有朝一日，人类可以得到这问题的初步答复。这便是历史研究的意义。

指导教师：王思华

怀念起过往，安放在行囊

◎袁睿辑

愿有岁月可回首，且以深情共远行。走过平湖烟雨，在下一个人生的车站，蓦然回首，依稀可见，回忆点点。于是把怀念，连同这阑珊灯火一道，安放在行囊中。

若要记得来时的模样，应当把怀念安放在心中，转身继续前行。

那么，何为怀念呢？

从杜甫"忆昔开元全盛日"中的国运兴衰，到崔护"去年今日此门中，人面桃花相映红"里的儿女情长，再到辛弃疾"马作的卢飞快，弓如霹雳弦惊"的飒爽英姿。怀念之情，不仅自古就是诗词歌赋的主题，而且跨越了中外。如诗人埃德加·爱伦·坡的《安娜贝尔·丽》对妻子的悼念，以及《太阳照常升起》中海明威对过去的回忆，他们作品中的怀念之情，以及由此引发的喜爱、愤怒、感动，令无数读者为之动容。

表面上说，怀念是人心中表现出的对过去饱含情感的一种渴望感。但从许多方面，我们可以继续深入，一窥怀念存在于人性中的样子。

怀念指向我们的本心。当下如同一面硬币，正面朝着未来，背面朝着过去。可是我们能停下来观察的，只有它斑驳的背面。也正是通过这个背面，我们尝试挣脱人在时空上根本的限制，或是逃入回忆，或是一窥未来。所以哲学上，这种以已知探求未知的渴求带来了怀念，也即让当下的心与过去的心感通。在旧石器时代，就有人类埋葬死去的同胞。生命以怀念里的"另一片田野"，声讨时空的残酷。

此外，人的心理需求也会使怀念不请自来。按马斯洛所说，人有爱的需求、尊重的需求、自我实现的需求。无论是"今我来思，雨雪霏霏"的爱，还是陈与义"忆昔午桥桥上饮"中的太平之世，抑或是蒋捷词中"少年听雨"的意气风发，都可以发现人们怀念的对象常常是美好的、被时空夺去的，并且对应着人的需求。

显然，怀念并非重复过去，这不仅是因为遗忘这一心理现象，更因为怀念本身带着对过往的自我接纳。心理学家发现，怀念中，是我们对自己过去的主观理解在发挥主要作用。在礼崩乐坏的时代，孔子"久矣吾不复梦见周公"便饱含着他自己的政治理想。其实，怀念本身便是源于生活，荡漾着当下的涟漪，生命的漫漫长路由此形成整体。所以，怀念其实更像人生的排练，我们柔软的心让它用过往提醒着我们的生命情感。它带着生命的惯性，指向生命的本性。

从怀念的产生、对象、性质中，可以看出：怀念，是我们从过去获得自我认知的过程，或者说，是联系过去而对现在的再创造。它是淡蓝色的一道烟雾，向你身后飘散，引导你透过混浊而模糊的过往，慢慢地看清自我。有人说："因为记忆中的光线总比眼前暗，我总觉得人只有在微光下，才能看清这个世界到底是怎么回事。"我想说，也只有在流水般悠长的回忆中，才能一个个拾起自己的梦，在月光下看到最清澈的自己。

以怀念的眼光看事物，如同在博物馆里的柔光下，久久地端详一件古物，这样才能真正理解它背后一个时代的个性。

怀念在情感体系与思维方式中的特点，使它在人类的表达与哲思中发挥难以替代的作用。

人们心中的怀念植根之深，让怀念本身具有巨大的审美价值。它在人类心中的共有性，使得它在文学中承载的人类情感格外真挚；过去的历史，经过了时间的反复沉淀与过滤，同当下的思维方式产生碰撞，埋藏的感情也与当下的情绪汇合。由此，文学中表达怀念感情，总是只需稍加张弛，便深刻有力。

余光中的《乡愁》中，"小小的邮票""窄窄的船票""矮矮的坟墓""浅浅的海峡"，这些笔墨之中的乡愁、离愁、家国情怀早已印在每位读者的脑海里。因为怀念，苏轼发出了"但愿人长久，千里共婵娟"的祝福；因为怀念，王维发出了"遥知兄弟登高处，遍插茱萸少一人"的感叹；因为怀念，杨绛写下了《我们仨》的感人佳作……从中可见怀念这一感情的人性之美与巨大力量。

从中国哲学的视角看，怀念可以帮助我们保存、守护本心。孟子说人有"善端"，这是一种超自然的、哲学的心的根源。怀念超越了情绪，成为超自然的心灵家园的一部分，帮助我们"安心立命"。同时，它也帮我们感通本心。时间对人是"三维的"，我们带着过去，走在当下，筹划未来。通过心灵与过去的对话，我们可以从现实的利害得失中超拔出来，以出世的本心，做入世的正确选择。

例如当下，因为怀念，有人坚持经营破旧的书店，继续在钢筋混凝土的森林中，给自己的老顾客们开辟一片超越庸俗的地方，守护他们的"精神食粮"，如同一个"麦田里的守望者"。年轻人因为怀念，回到需要自己的乡村，为社会做出了贡献。可见，怀念可以帮我们超越庸俗的视角，为自己的心灵服务，使灵魂得到安顿，达到儒家"无所为而为"的精神境界。

除了文学上与哲学上的重要意义，怀念还对社会发生着作用。当怀念成为人类共有的感情时，会形成社会的习惯，提升人们的精神境界，乃至造就社会的脊梁。"小时不识月，呼作白玉盘"通过共情，怀念成了天上的月亮，让无数人，怀有共同的乡愁。

峥嵘岁月的怀念沉积出了精神的沃土。对光辉历史的怀念、对故土的深爱，更是带来了家国情怀。也正是这样至真至深的情怀，呼唤着华罗庚、钱学森、邓稼先、朱光亚等优秀人才重回祖国怀抱，为社会发展做出了巨大贡献。

除了对人类整体的意义，怀念也是我们每个人前行路上的指引星、及时雨。它带给个体的，除了恒久的爱，还有不懈的坚持与深沉的感悟。

首先，怀念给予匆匆行人最多的，还是它那温暖的爱。

怀念让亲人的爱时刻抚摸着心房。史铁生在《秋天的怀念》中写道，"别人告诉我，她昏迷前的最后一句话是：'我那个有病的儿子和我那个还未成年的女儿……'"。他与母亲之间浓郁的爱，不仅是他许多作品体现的内容，更鼓励着他接纳自我，继续前进。正如他在《我与地坛》中所写："她艰难的命运，坚忍的意志和毫不张扬的爱，随光阴流转，在我的印象中愈加鲜明深刻。"

"我妈在牵挂着我……或许，她在逗我，故意藏到挂在墙上的她那张照片里，我便给照片前的香炉里上香，要说上一句：我不累。"母亲对贾平凹的爱就这样在怀念里继续持续，陪伴着他不断前行。

怀念让友谊的温存陪伴，就像一曲三日不绝的欢歌。无论是李白《赠汪伦》中那句"桃花潭水深千尺，不及汪伦送我情"，还是他给孟浩然的那句"孤帆远影碧空尽，唯见长江天际流"，都体现出怀念这一深入心扉的情感，在普遍的人群中，被赋予了"离别""重逢"等特殊的含义。

怀念蕴含勇气。对过往的念想也可以成为人生的支柱，给人带来最深沉而恒久的深情。无论是对祖父辛赞的怀念，还是写下《永遇乐·京口北固亭怀古》等词时，对自己在北方袭进金营的回忆，都指引着辛弃疾一生坚守正道与民族大义。

命运搏击者的精神之火，也可以由怀念传递。贝多芬虽然怀念耳聋前的时光，但他没有因回忆的痛苦自暴自弃，而是在怀念过去的同时，越发坚定了对音乐的热爱，更强烈地涌动着创作的激流，像他说的那样，"用苦痛换来欢乐"。

另外，怀念能引发深沉的感悟，乃至给人智慧。"他日再相逢，清风动天地。"它让离别和重逢变得如此珍贵，给每个人的高光时刻赋予意义。从怀念的感性出发，我们用价值理性，在今昔对比中领悟自己的成长，在熟悉片段里凝聚自己的本色。《朝花夕拾》对阿长、百草园、藤野先生等的叙写，在深深的怀念之情之外，更饱含了鲁迅先生对社会的批判与深邃思考。

　　把那份美好化为前行的勇气、指路的明灯，爱的养分会在人生路上给养十万朵怒放的蔷薇，帮助我们清醒而大胆地走下去、爱下去，使生活如毕淑敏所说的，"不知不觉暖洋洋亮光光"。

　　所以，我们应该把人生的怀念安放在心中，继续前行。

　　爱是怀念送给孤独的礼物；回忆是阅历送给光阴的礼物。当下一次怀念横亘心中时，记得把香甜的回忆装入随身行囊，而勿停步徘徊顾盼；下一次自己起起落落时，提醒自己，有一种源于怀念的力量，联系起当下与过往，联系起人性与人。所以，不妨带上怀念的旧梦，无论当下如何荒凉，仍"大胆地去走自己的夜路"，并告诉自己："万里蹀躞，以此为归。"

　　如此走下去，或许到了人生旅途的终点，便会发现，行囊里，是一颗赤子之心。

　　若是怀念起过往，还当安放在行囊。

指导教师：张双桥

心灵与精神

引　言

　　"仰观宇宙之大，俯察品类之盛"，当我们面对世界时，总在慨叹宇宙之大，万物之多，也常常思考人与世界的关系，却往往不去注意我们精巧的心灵。心灵究竟是怎样的？我们虽然不太了解，但它却时时主使着我们。心灵让我们与外物进行了沟通，使我们与外物共生共融。心灵提取了外物，区分了外物，也对外物进行归类。当我们面对一棵树时，我们说那是"树"；无数的树木，我们说那是"树林"。没有心灵对外物"贴标签"，我们无法认识世界，也就不会成为人。

　　心灵是精神的基础，精神是心灵升华而成的一种支撑生命的力量。本章作

者探讨了心灵的本质、心灵的烦恼以及
精神的价值。在讨论中深入剖析了生命
的深层意识，给了我们很多启发。

心 灵 之 网

◎金智恒

2020 年，有媒体做了"德阳安医生自杀事件"两年后的回顾报道。2018 年 8 月 20 日，四川省德阳市某医院的安医生及其丈夫在一个泳池内与一个男孩儿发生冲突，之后安医生夫妇的个人信息遭人曝光，引发人肉搜索和网络暴力。五天后，安医生吞下约 500 片扑尔敏，自杀身亡。像这种新闻令人唏嘘，我不禁思考，为什么人们会将自己了解的部分事实视为全部真相？为什么网络上传播的言论会颠倒黑白？为什么有很多网民在这个过程中享受着代言正义的过程？这起网络暴力事件需要受到批评和指责，但人们更应意识到的是，这是网络时代甚至社会共有的潜在问题，为了解释这一点，或许不得不追问，人们的心灵是怎样认识世界的？

什么是冰？有人说是一种寒冷透明的固体，有人说，水在低温的时候会变成冰。很显然，一般人描述冰的时候，大多都依赖于自己的感官。不过这就出现了一个关键的问题：我们的感官，真的真实地反映了现实吗？真实世界究竟是什么样的？除了五官给出的信息之外，我们对其他一无所知，换句话说，每个人都会受限于一种特定的系统——自我中心困境。

我们最原始的知识主要来源于什么？是我们自己的感官。眼睛用以收集信息、观察物体、辨别颜色；耳朵用来感受声音；味觉能够品尝食物……遇到的第一个问题是，感官并不能准确地汇报现实，它们更像是一种高科技的探测工具，去观测、翻译世界。好比"三视图"描绘物体，某一视图只能反映一个方位的物体形状，三视图是从三个不同方向对同一个物体进行投射的结果，这基本能完整地表达物体的结构。但是，视图还不能等同于物体本身，甚至视图相同而反映的物体并不唯一，所以，我们对物体的感知不是物体本身。

正因如此，贝克莱有一个推论："存在就是被感知。"他认为人们通常所说的事物只是观念的集合，观念存在于感知者心中。

而由于感官局限，心灵认知和推理的过程中，出现了相关的三个错误：客体化、物化、人格化。客体化，即赋予一个对象本身所没有的主观性质；物化，将一个抽象概念或理念当作具体的物质存在；人格化，将无生命物体或是抽象概念视为像人一样拥有自己的想法和感受。在日常生活中，谁都会无意间出现这三种错误，这也导致了我们在交流中的隔阂。

我们只能通过感官认知事物，即上文提到的"自我中心困境"。感官体验的记忆不能长久，并且没有任何信息载体能百分百记录这种体验，与人交流的时候我们也只能交流抽象的概念而不能分享体验，正如费孝通先生所说的"乡土社会不需要文字"一样。因此，产生抽象概念去认识事物是一个必经过程。

不仅如此，我们的心灵还会对抽象概念进行分类和标签，因为接触的事物太多了，高度抽象能大大减轻工作强度。创建抽象概念就像是在电脑里创建一个文件夹，我们的认知能力不可能做到对每一个单一对象有完全充分的认识。所以在认识事物时，会不经意地将其分类、组合，将具有相同特性的事物归为一类。

要清楚地认识到，建立抽象概念和进行分类，作为一种思考方式，有着高效的特点，或者更准确地说，认识事物所产生的分类并不像一个麻袋，贪心的商人仅按价格区分货品，一股脑儿地塞到一个个麻袋里去，我们大脑产生的分类更加复杂多样。

首先，给事物贴上的标签是人们习惯的抽象方法。分类不仅是整合事物的方法，也是我们认识事物的心灵网格。一个孩子怎么产生橘子的概念？"酸甜""南方水果""需要剥皮"，他可能不知道柑橘的"酸甜"具体是什么，但是因为他已经形成了对"酸甜"的抽象认知，所以在第一次认识橘子时，"酸甜"就作为一个标签被贴到了橘子上。用简单的抽象概念去认识一个复杂的事物，这是我们心灵认识世界的方法论。

其次，同一个"抽象"可以出现在不同的分类之中，就像是费孝通先生说的，西方人际关系像一捆捆柴堆，但其中的每一个个体都可以出现在不同的柴堆里。我们所产生的分类也是如此。因为看事物的角度不同，正所谓"横看成岭侧成峰，远近高低各不同"。产生的分类标准也截然不同，而这些不同的分类标准——标签，无疑加快了思考的过程。对于一张桌子，当想要用来写字的时候，会使用的标签是"学习用具"，当桌脚断了一截时，会使用的标签是"形状固定的平整硬物"，当需要生火的时候，会使用的标签是"燃料"，我们思考事物时的方式，大概就是这么"简单化"吧。

总之，我们所谈论和思考的，都是抽象与分类，而非物体本身，这样做明显忽略了矛盾的特殊性，毛泽东同志说过"如果不研究矛盾的特殊性，就无从确定一事物不同于他事物的特殊的本质，就无从发现事物运动发展的特殊的原因，或特殊的根据，也就无从辨别事物，无从区分科学研究的领域"。综上可知，人一直处在矛盾中，一边是运动着的物质世界，另一边是无数抽象概念和分类编织的虚假梦境，而肉体感官的局限，使我们更愿意接受虚假梦境。

而导致网络暴力的原因并非使用抽象和分类，而是抽象与分类后的概念被过分放大，偏离了事件本身。

在互联网上，抽象化和标签化或许可以回答第一个问题："为什么人们会将自己了解的部分事实视为全部真相？"因为信息化时代，人们对网络事件的认识变得庸俗化、娱乐化，不需要深层次了解"真实事件"，只要进行抽象和贴标签就行了。《乌合之众》中有一句话的意思大致是，一个群体并不是所有个体的叠加，而是一个有机的整体。网络暴民因为拥有相同的价值判断和思想观念，也更倾向自我中心主义，标签带来的认同感和确定感或许就是对"为什么有很多网民在这个过程中享受着代言正义的过程"这一问题的解答，而"为什么他们在网络上传播的言论会一变再变"是标签化弊端的一个例证。

如何解决这一问题？凭借本能认识事物？然而这是不够的，我们就如同处在一个永远无法逃出的无人岛上，与其想着如何突破心灵认知的困境，不如思考怎样在困境之下戴着镣铐跳舞，带着对局限的觉察去认知无限的世界。

指导教师：沈冬芳

论缸中之脑

——一个简单却困难的问题

◎任思远

缸中之脑作为本体论问题

如果我们将缸中之脑视作一个本体论模型的话，那么这个问题是很简单的。我们先来构建这个模型：现在（即缸内）是虚假的，而那个缸外世界才是真实的。我们以电影《黑客帝国》为例，主角尼奥一直身处由人工智能构建的虚假世界之中，在吃下药丸后才从营养舱内苏醒。

对于这个模型的追问可以是各个方面的：首先，倘若你真正到了缸外世界，你如何能确认那不是又一个缸内呢？毕竟这个模型构建在当下人感官的不确定性之上，既然我们无法通过当下感官确认当下世界的真实，那我们凭什么确认缸外世界的真实呢？就好像我们在《黑客帝国》电影里所看到的那样，主角虽然来到了"真实世界"，但那也不过是另一个值得怀疑的世界罢了，尼奥并没有一个超越性的力量来确保这个世界的真实。

某些缸中之脑的坚持者可能会这么回答：通过感官的质变

（以某种神秘的方式），我们可以在缸外轻而易举地得到这个答案。比如缸内世界是三维的，缸外是多维的、超越时间空间的、神秘的。

这就延伸出了我们的第二个追问角度，这些缸中之脑的坚持者虽然打断了怀疑的无限序列，可是没有意识到一个核心问题：那就是我们何以能够在处于缸内的当下设想一个"真正"的"缸外"？换句话说，他们谈的几维不过也是在当下"不稳固"的现实中构建出来的，他们认为当下是缸中之脑的幻想，之外是真正的世界，可是他们恰恰不能指明的是当下为什么是虚假的，以及什么才是真的。因为一切对于缸外的设想都不得不在缸内进行，因此也是虚假的，他们的所有构想不过是好比尼奥在虚拟世界中设想的外在世界。

由此我们看到，如果我们是缸中之脑，那么外界真正的世界不论是怎么样的，我们都是无法认识的，除非你真正到达了你宣称的缸外，那就没什么好辩驳的了。倘若你还没有加入哪个神秘宗教并且你坚持缸中之脑的想法，那你就不得不承认一点：缸外世界是未知量 X。

我们依然要去追问这一点。请问缸外的世界有时间吗？缸中之脑的坚持者可能会摇摇头说："不知道，可能有也可能没有，或者以某种其他形式。"但如果他们聪明一点儿，他们会说，"没有，因为现在的时间仅仅是缸内的幻想。"如果他们再聪明一点儿，他们便会意识到缸中之脑假设的愚蠢，因为那缸外世界根本不是什么未知量 X，而是"无"。

因为倘若缸中之脑假设成立，那么缸内世界的任何东西

（包括时间、空间等东西）都不是缸外世界的，同时你也不能说缸外世界同缸内世界一样具有这些东西，因为我们承认了我们根本不能认识到他们。那么有什么东西是能够脱离缸内的属性存在的吗？有什么东西是能够在被剔除了时间、空间、五感的属性后还依然存在的吗？

在这里，缸中之脑的坚持者也只能回到他们原始的游牧生活中去了，因为我们得出了结论，在剔除这些属性后存在的是"无"，换句话说，没有东西，也就是不存在。

在这里，我们踏上了真理之路，也就是"存在的东西存在，不存在的东西不存在"，我们也得出了一个结论："存在就是被感知。"因为那些缸内属性，与其说是世界本身的属性，不如说是我们身上的属性。那么，我们还有一个问题没有解决，世界是从何而来的，世界为什么存在？黑格尔在他的著作《逻辑学》中通过他的论证告诉我们，世界正是从无中发源的，而它的运动发展方式正是辩证法。

缸中之脑作为社会产物

如若我们将缸中之脑的流行程度与本体论的复杂程度相对比，我们便会发现极为不合理之处，如此简单的问题居然引发了如此多人惊呼"细思极恐"，并在各路科普区、科幻区经久不衰地出现，大众似乎在这个问题上停留过久。

我们首先不能不注意到该问题盛行的媒介，在我的观察中，缸中之脑最多是在好莱坞电影中出现，不论是《黑客帝国》，还是最近几年的《失控玩家》，抑或是赫赫有名的《盗梦空间》，他们的剧情框架都可以视作缸中之脑理论的一个变种，但是缸中之脑从来都不是作为电影的主体出现的，家庭或者爱情的张力才是支撑这些电影的核心元素，而缸中之脑只不过是这些张力包含的一些流行元素罢了。

以电影《索拉里斯星》为例，在电影中，主角卡尔文在飞往新发现的索拉里斯星的科考飞船上经历了一系列离奇事件，他到达后发现去世多年的妻子哈瑞出现在床边，但对哈瑞的身体分析表明，她的身体并不是由普通的原子构成，而是一片虚无。最后，卡尔文发现了索拉里斯星是个巨型大脑，它可以使人内心的幻想对象成为物质现实。然而在原著小说中，作者莱姆笔下的这个星球则是一个会思考的居于宇宙中某处的巨物，小说把索拉里斯星描述为一个不可穿透的他者，而不是像电影那样引入了爱与恋人的主题结构，作品中的"他物"被全然视作家庭张力的隐喻。

换句话说，如果《索拉里斯星》的主题内容不变，而把其中的外星球、宇宙的科幻元素转换为游戏科幻元素，那么我就会得到《失控玩家》，如果换成人工智能科幻元素就是《黑客帝国》，换成梦境的科幻元素就是《盗梦空间》。换而言之，这些好莱坞影片并没有本质上的内容差别，而只有量的、形式的差别。

在这里我们触及到了罗兰·巴特在《流行体系》里面的分析。对于服装的分析在电影上同样适用，横轴是电影的内容，它可以是科幻里的缸中之脑，也可以是日常生活的校园，而纵轴则是主题，它可以是家庭张力，也可以是电影《郁星》

里的叙事框架的破碎。而只要纵轴不变，我们就可以无限替换横轴的元素。

在这个电影、视频的流行体系下，我们发现"缸中之脑"只不过是一个消费品，商品结构已经从物体—货币—物体转变到了货币—物体—货币。也就是说，在过去我们为了某物而借助货币，现在我们则根本不在意那个物体究竟为何，而是在意货币（的增值）本身。缸中之脑根本不是那些电影制作人、视频博主注意的东西，流量才是。缸中之脑的问题根本不是他们想要解决的，而是他们想要维持的——因为这样能消费得久一点儿。而那些消费者们则也在符号帝国里维持着符号系统的空转，于是一个又一个的难题被抛出吸引眼球，而人们却从不回去解决它们。

这一种情况已经到了令人发指的地步，拉康在欲望的辩证法里提出的观点预言了这一情况。他认为欲望（比如对缸中之脑的好奇）看似是指向欲望的对象（缸中之脑），实则指向的是欲望的循环本身。这一点可以通过购物节来理解，人们在"双11"的"剁手"中在意的并不是那个物品，也不是货币的增值，而是单纯的消费行为带来的快感。

那么我们要问：出路在哪里？既然对于缸中之脑的批判本身已经和缸中之脑一样都成了消费品，没有超越的可能，那么超越现实的道路从何处来？

这个问题是如此的繁杂，所以我只能简单地列举一二：

1. 阿多诺的美学理论中，美学应当给人带来直接的非同一性的体验，从而超越当下；

2. 在社会的量变中展现出卢卡奇的超越意识来克服符号的物化，通过否定之否定的辩证法历程完成质的变化。

这是一个艰巨而困难的任务，也是思想的难题，我们不应当因为思想暂时的无用而抛弃它，相反，阿多诺指出这种批判性的思维也许正是为无限推迟的实践所需要的。笔者也期待着缸中之脑的第三论。

指导教师：孔超琼

精神的光芒

◎俞欣悦

　　"精神"一词英文为 spirit，源自拉丁文 spiritus，原意指轻微的风动，轻薄的气流，现在主要指相对于物质而存在的一切意识活动、意识现象的总和。精神，是描述有智动物，特别是人类的内在现象的名词，人们对其的认识是逐渐去神秘化的过程。

　　帕斯卡尔曾言："人是一根能思想的芦苇。"人与动物的最大不同，莫过于会思考、有精神。然而思想与精神又有不同之处。我认为思想是客观存在并反映在人的意识中经过思维活动而产生的结果，它常常是一套理论系统，因此逻辑性更强，更客观，更具体；精神是人们在社会实践活动中通过人脑产生的意识活动上的成果，是大脑对客体与主体进行感知、认识以及反映的结果，是一种对于事物宽泛性的理解方向，它是主观性较强的，更抽象，是更上升一层的大局概览。假如我们说一个人拥有伟大的精神，那么他一定对于某方面有着通透的理解，而并不一定形成一套完备的理论，因而不能说思想伟大；同样的，假如我们说一个人拥有伟大的思想，那么他必定对于某方面进行了深入研究，有前沿卓越的理论系统，但他不一定对此有着大局性的抽象体悟，因此也不能说精神伟大。精神与思想的差别就在于此。

每个人都感受得到，内在的精神世界不似外在的物质世界，它丰富、复杂却神秘得令人难以捉摸，但我们又十分想窥探一番。

所以，为使这趟通向精神世界的旅程变得形象，我们不妨把精神世界想象成一张网。

个体的精神就是最中心的那个节点。20世纪伟大的思想家赫胥黎通过自律发展出了一种能高效使用身心或精神力量的技术，被他称为"深层思考"。虽然被他称作"深层思考"，但实际是一种精神状态：他进入冥想，但他对自己在此期间所做的物理事件毫无所知，精神过程却一直在继续着。近年来，冥想这种方法也得到了极大的推崇。练瑜伽的人通过冥想来制服心灵，并超脱物质欲念。通过简单练习冥想，即可帮助人们告别负面情绪，重新掌控生活。赫胥黎的这种"深层思考"是个体精神的较高体现。约瑟夫·坎贝尔曾写道："你必须有一个（属于自己的）房间，或者（属于自己的）几个小时，或者（属于自己的）一天，在那里，你不知道今天的早报上有什么新闻，你不知道谁是你的朋友，你不知道你欠任何人什么，你也不知道别人欠你什么。在这样一个地方，你会简单地体验，展示出你是什么，你可能会是什么。这是创造性生发的地方。起初你可能会发现，什么也没有发生，但是如果你有一个属于自己的圣地，并学会利用它，最终就会有一些事情发生。"尼采曾提出精神的三种境界：第一境界骆驼，忍辱负重，被动地听命于别人或命运的安排；第二境界狮子，把被动变成主动，由"你应该"到"我要"，一切由我主动争取，主动负起人生责任；第三境界婴儿，这是一种"我是"的状态，活在当下，享受现在的一切。每个人的个体精神都会随着时间而发展，只是由于环境或经历的不同，在同一时间里可能会发展到不同层次。由被动到主动再到抛开外物，这就是精神的升华。

詹姆斯·克里斯蒂安曾得出结论："他在永平寺遇到的僧人，似乎并没有遇到悬而未决的创伤，他们几乎没有流露出任何防御性的偏执狂，而且他们真的不必担心去应对极端的情况。我不得不得出结论，他们做什么时就做什么，他们吃饭时就吃饭，他们打坐时就打坐，他们想一件事时就想一件事，他们想另一件事时就想另一件事，他们是在同一时间就做一件事（专心地去做一件事）的专家。"极致的静心、沉思，这些都是体验和提升自我精神的路径，对于生活在快节奏生活中的我们而言，要做到一直处于沉静状态是不容易的，免不了需要活跃的时候，因此，提升精神，我们可以通过其他的更现实有效的途径。

提升精神，首先需要提高意志力。譬如我们可以尝试坚持锻炼，这是一种身体上的意志力，却也能间接影响心灵的意志。要得到精神的升华，此外也必然要提高情感认知。情感是态度这一整体中的一部分，它与态度中的内向感受、意向具有协调一致性，是态度在生理上一种较复杂而又稳定的生理评价和体验，包括道德感和价值感两个方面。我们对自身的情感了解多少，是否能做情绪的主人，这些都是重要的。在这里，共情能力值得我们关注，它是指一种能设身处地体验他人处境，从而达到感受和理解他人情感的能力。我们可以通过对他人的情感进行反馈、运用类比等方法加强这个能力。共情能力得到提升后，自我精神就与他人有了联系，不仅自我精神能得到升华，在无数这样的关联之中，群体精神也更进一步地产生了。

人是群居动物，生活在社会之中，这时，精神的范围随之扩大，形成群体精神。群体精神成了网面，处处都有精神的纽带将人们联系在一起。在家庭中，我们有家训、家规，这是价值观的延续，是群体精神；作为国民，我们拥有爱国精神，这是所有民众共同拥有的、共同信仰的，所以也是群体精神。只要这种精神不为一人所独有，就能称之为群体精神，对于群体精神，我们只可以界定它的影响范围。

宗教是群体精神中最典型的例子。西方宗教中有令少数人如获至宝的一种意识状态，就是宗教狂喜。狂喜的个体不再对关于他的现实作出回应，他的行为已经"切换到自动状态"。一些更深层次的心灵已经控制了他，正常的自我控制则暂停运转。那些属于五旬节传统派或其他看重"神灵附体"的派别，有时会将有过欣喜若狂的经验当作入会的一个条件。他们在自己的圈子中培养出一种预期的态度，其成员可以感受到光荣的填充灵魂的体验。同样地，在基督教中有很重要的一个教义——救赎，它是指人的性格、秉性变坏之后，又被外界强迫改正，谓基督拯救世人之道。救赎的基础是上帝的爱。上帝借着救赎，在世代与永恒间显明他的恩典。上帝要"被拣选之人"以善行回应他的拣选。上帝的爱是救赎的源头，上帝的公义是救赎的手续，二者是相辅相成的。基督的救赎是实际发生过的：过去是、现今是、将来也是；救赎行动"不断进行"，是上帝对世人一种爱的表现。宗教狂喜和救赎这两者都有教徒被附身、被解救的意味，这和中国所崇尚的精神内涵又有不同之处。

佛教从印度传入中国，在中国佛教中，禅宗是一个重要派别，相传为南朝宋末天竺（古印度）僧菩提达摩来华传经时创立。它要求修行时静坐敛心，止息杂念，认为这样持之以恒即能达到某种神秘境界。至唐代禅宗分为南北两派，南宗主张顿悟、北宗主张渐悟。后南宗顿悟说盛行，对宋明理学有很大的影响。顿悟，又和佛教对另一术语有很大关联，即开悟。开悟是指开智悟理。《妙法莲花经》曰："照明佛法，开悟众生。"《八十华严经》四曰："开悟一切愚暗众生。"《出曜经》二曰："欲化彼人令得开悟。"《付法藏因缘传》五曰："尔时马鸣，着白毡衣入众伎中，自击钟鼓，调和琴瑟，音节哀雅，曲调成就，演宣诸法苦空无我。时此城中，五百王子，同时开悟，厌恶五欲，出家为道。"这都是不同人对开悟的理解，但其本质是不变的，都强调自我的精神成长、蜕变，不施外力，讲究天然的那一份质朴纯真的感受，异于西方宗教传递出的被动性，其有更多的主动意味。而佛教中又有另一个词：涅槃，是佛教全部修习所要达到的最高理想，指幻想的超脱生死的最高精神境界，这种超脱，与合一又有微妙的联系。

在个体和群体的整合之下，一个庞大而缜密的三维立体网面就被编织而成。这时，便达到了合一的最高境界。什么是合一？这是一个事件，其中所有的经验就是看到所有事物都合为一体，外部世界与内部世界合而为一，主体与客体不再有别。所有的知识相互交织，仿佛知识和理解的每个部分都被其他知识和理解的部分照亮。在这里面有一个联系，每件事都是相关的，心灵的所有内容都变得统一。万物合一，这一"合一"可能会让人感到以某种方式与宇宙本身融为一体，他可能会被视为，将一个人的本质与终极实在或神格合到一起。从任何一个价值角度出发，人所看到的世界都不免狭隘，终极实在就是一种超越神灵之上的、超越任何价值视角之上的问题。托马斯·阿奎那——西方宗教思想的集大成者，可能就曾有过这样的经验。在写了数十卷系统的神学著作后，阿奎那在其生命临近终点时看到了一个幻象：他以前写的一切都微不足道。他从未尝试用人类言语来表述他最后所看到的。那一刻在他心中，应是实现了个体精神与群体精神的统一，是万物合一。

精神世界就这样被构建出来，它是人的意识活动的结果，可以反映一个人或是群体的精神境界。这仅是一段短暂的、精神世界的奇幻历程，而深刻体验后你会发现，它是一幅绝对震撼的图景。

指导教师：赵华芳

自我精神将外界赋能

◎吴贞漪

在很多电影和游戏情节中，导演设想了未来将会出现仿生人。对此出现了两个派别，一派是支持仿生人在未来有可能会取代人类，另一派则坚信人类无法被任何事物代替。

在我看过的一本小说中曾提到世界之所以精彩，人类之所以是人类，是因为人性的存在。没有人性的世界，无疑是一座没有灵魂的空城。

其实不论是对此作出批判——认为用仿生人代替人类是有悖伦理道德的——或是对未来世界科技之发达抱有憧憬，都是不同的人在对同一事物表达看法，每个人都站在不同角度思考这个问题。双方争论不下又无法彻底说服对方，不同的人对同一个话题之所以会有不同的想法，是因为辩题本身就没有"正确"答案。

对于一个现象有不同的解答，是因为人类思考问题永远从自身出发，正是因为这些对于外在世界所有的概念和认知都是出自独立个体的本心，才会导致不同人所提出的观点具有差异性。

不同的人对这个世界各异的认知造就了不同的人心中相异的世界观。所谓世界观是指处在什么样的位置、用什么样的眼光去看待与分析事物，它是人对事物的判断的反映。它是人们对世界的基本看法和观点。世界观具有实践性，人的世界观是不断更新、不断完善、不断优化的。世界观的基本问题是意识和物质、思维和存在的关系问题。

　　世界观是指人的主观判断，或许可以说，当我们吸收外界赋能时，我们对信息的处理方式往往不同，这使不同的人在接受同种信息之后，会做出不同的评判。而对于世界的理解，从主体出发，我们看见的是什么，那便是什么，然后便会造成不同人形成不同的世界观，使得不同的人在面对同一种信息的时候，得出的结论有所不同。

　　我们很难去理解他人的本质原因也在于此，之所以谈理解，即是从"我"对这个特定情况的主观判断出发，通过自己的想法对他人的这件事做出我的判断，当我们想设身处地地为别人考虑的时候，他人所经历的事件主角就转变成了我们自己，既然连主角都改变了，连对待这件事所使用的世界观都不再一致，又何谈真正的理解呢？我们难以理解的不是他人对于这件事的判断或者他的某种情感，而是无法对他经历的这件事做到感同身受，他眼中的世界，难以被我们内化成我的世界。在面对外界环境时，那些与我们内心的"正确"准绳所违背的一切事物，在我们自己的世界里就是不正确的——无关这件事在他人的世界中被赋予的判断。

　　既然人类对于自我和外界之间的联系都有一定的"自我

消化能力"，那每个人因为这个消化过程的不同，看到的世界就不一样了。那么对于个人来说，这些用"自我消化能力"完成吸收赋能过程，从而看到的自我世界，与真正的外在世界必然有不同。

未来科技的发展以及仿生人的伦理问题引发了大众激烈的讨论。真实世界与虚假的乌托邦城，该如何界定呢？人们往往不认可那些与自我观点相左的观念，那么对于人类来说，这个世界的存在，什么是真，什么是假？或者将范围再扩大一些，真正的世界到底是怎样的呢？人们自认为看到的真实世界，就是真实的吗？

我想说，或许我们认为的真实世界，应当有一个更贴切的名字，那便是"自我世界"，而在我们自身的思想里，他人的世界便是虚假的——仅对我们自身而言。即每个人都无法跳出自我本心对这个世界做出判断，那从自身出发界定的真实与虚假，也就只对本人具有参考价值了。

世界是需要人去看到的，如果所有人不去感知这个世界，那这个世界就会失去它存在的意义，故而用自己的眼睛去看，用自己的心去感知，让任何事物的分析都可以回到人的本心。

2006 年，失踪八年的奥地利女孩儿娜塔莎获救，她于1998 年在上学途中失踪，警方展开大规模搜索却始终毫无结果，时隔多年女孩儿失踪的真相终于水落石出，但这位命运悲惨的女孩儿的特殊心理同样成为人们的关注焦点。

心理学研究表明，当面对生活的挫折时，人们内心会自动建立起一种自我保护机制，即将不良刺激转化为良性刺激，帮助自己渡过难关。常见的心理防御机制包括合理化、压抑、幽默等，而在这个案例中，体现的更多的是合理化，即斯德哥尔摩综合征所体现的合理化。

娜塔莎选择合理化自己被绑架囚禁的处境，是因为在她的认知中更多地强化被绑架这个事实只会让她更加痛苦不堪，然而若将"自己被绑架"这个念头想得没那么糟，则会降低内心的恐惧和焦虑。

从某种意义上来说，娜塔莎对自身外部环境的理解促成了她的斯德哥尔摩综合征。囚犯每天和娜塔莎一道吃早饭，她每天做做家务、看看书（来自娜塔莎获救后的独白），囚犯用地下室仅仅六平方米的空间为这位姑娘创造了一个"美丽新世界"，而娜塔莎看到的即是绑架自己的人，将自己从被绑架的困境中救出，并带给她安稳且一成不变的生活。

在这个插翅难逃的小小地下室，她对世界的认知已然被扭曲，她在被迫接受这个残忍现实对其自身精神世界的异化，最终缴械投降，通过内心的自我保护机制，她在主观上认为那是她的家。

除了娜塔莎之外的所有人，那些为这件案子感到唏嘘的旁观者，都认为她被监禁后过着的所谓的平淡生活是罪恶且虚假的，他们唾骂囚徒的丧尽天良，是因为无法感同身受娜塔莎当时的绝望以及对自由的向往，这些扭曲极端的情感使得在娜塔莎的精神中，地下室的囚禁生活是她的真实世界——一个正确的世界。

所谓好与坏，善与恶，便是主观思想赋予事物特点时使用的形容词。在评判这个世界的好坏时，我们不免落入价值多元化的困境，在价值领域，没有真正衡量一切的标准，所有的所谓标准都是人为定义，它带有强烈的主观意味。

当一个人对这个世界的判断坚持到无以打破的时候，那么这个或许从前还被不同的人赋予不同定义的世界在他眼中就已经形成了完整又毋庸置疑的一套体系。此时世界的"真实"全面覆盖了客观世界带给她的感受，即以为除却自己的世界没有别的世界存在了。此时这样自我真实的世界，无论作为旁人的你我是否赞同，我们都不可否认这个世界在她认知中的真实性。

回到文章开头讨论的话题，我曾经问过身边好几位朋友一个问题，大致就是如果社会真的发展到了像电影中那样超前"科幻"的程度，你身边的人或许会是与人类别无二致的仿生人，你也无法辨别所谓真假，你觉得这样的情况，如何？我的大多数朋友都给出"细思极恐"这个回答。

而之所以细思极恐，是出于人们对未知事物的恐惧，当一个人坚信的真相变成假象时，这件事的真相就有了被怀疑的可能。

自然的，如果我们大胆地设想身边的人早已不是原来的那个人，或许某时某刻已经被"掉包"，但我们完全无法察觉，这是一件多么"细思极恐"的事！但是如果我们一辈子都不知道所谓的"真相"呢？

真相是客观存在的某个历史时刻的状况，然而当所有人都没有对于这个真相的相关认知时，真相就不再是真相。从唯心主义的角度去分析，当我们的认知中不包含这个"真相"，那么用我们自己的感官去感知的这个身边人，就是真正的人类。南宋哲学家陆九渊曾说"吾心即是宇宙"，意思是人认为的客观宇宙的规律和人的主观思想（心）是一致的。或许我们到老，都无法察觉身边这个仿生人有什么不同，这个时候我们的主观思想，即我们感官认知，给这个人的定义是真正的人，在我们自己的世界里，他就是真正的人。无论在他人世界中的"真相"如何，只要在自我世界中"真相"被自我认知坚定不移地选择，这个"真相"又何尝不真呢？

从此角度上来说，世界是精神创造的。当我们确认自己对这个世界的看法是"正确"的时候，客观存在的外界就被我们内化为内在的世界，而我们真正身处的，其实是我们的内在世界。同样的，那些独立于我们每个人以外的人，都有自己的内在世界，每个人自我世界的构建无关乎他人的精神，仅仅与自我精神相联系。娜塔莎将外在的痛苦世界内化为自己的安全世界，是精神力的作用。

所以，我们用自己的精神妄图去百分之百理解他人的精神，这说到底是可笑的。任何一个独立的个体之间都有隔阂，我们看见的世界不会是他人看到的世界，每个人都看着独一无二的世界又无法真正逃离这个世界，高喊精神世界的虚假是最懦弱的做法，这只是对自己内心潜意识的逃避，内在体会具象化、现实化是自我思维的体现，与其说我们无法真正认识到现实事物的存在，倒不如说现实即虚空的精神，而我们个人内在的精神力永远无法促使我们真正认知客观外在世界。

唯心主义不荒谬，这是因为客观世界的真实其实不可被认知，而不被认知的客观世界，其实对每个人来说都不如内在自我建立的真实世界重要，我们能构建完整的真实世界不仅关乎我们对世界的认知程度，即眼界，更重要的是关乎自我的精神。内心真实世界是自己赋予的，用自己的世界标准去约束别人，就是在试图创造一个世界让别人在其中安身立命。这种向他人强加自我主观思想的做法是永远不会成功的。

人始终无法真正地认知外部世界，正是因为如此，我们才需要更努力地拓宽眼界，外物不会被自我精神改变，但我们可以通过不断扩展自己的认知使自我精神富足，这样人所拥有的精神力便会越来越强大。在自我构建的真实世界中，精神力是无限强大的。有句话说："人要是能糊涂一辈子，也是一种幸福。"在我看来这句话的真实含义，是说坚定自己的真实世界，而让其不被别人强加的虚假世界代替，是一种本质上的幸福。

既然无法跳出自我真实世界，既然永远无法真正认识到客观真实世界，那么何不"糊涂到底"？

总的来说，人立身于这个世界，有太多看不到或看不透的东西，通过自己的眼睛去看这个世界，本身就无法看得全、看得真。"上帝视角"一词的存在也从侧面体现出了所有人在认知世界的能力上的平等，我们无法做到的是认识客观世界，但我们所有人都可以做到将自我真实世界拓宽一点儿边界，多思多看，精神力之富足何尝不是人类追寻的最终的"真相"？

自我精神接触外界世界，将外部赋能内化并创造自我真实世界，独立的个体拥有独立的世界，我们每个人都是井底之蛙，每次多努力弹跳一点儿，每次都往更高处眺望，一辈子看着自己的天，不一定是错误的。精神力的富足可以给人带来自我认知的最真实的世界。

故而我想说的是，自我精神将外界赋能，本真的从来不是所谓的真相，而是我们心中的自我真实世界的根源——寻求真相的精神力。

指导教师：林启华

理性与成长

引　言

　　帕斯卡尔说："人是一根能思想的芦苇。""人类的全部尊严，就在于思想。"人是这个世界上唯一会思考的动物，思考产生思想，思想转化为智慧，智慧使人脱离了动物界，让人成为真正的人。智慧就是能依据所掌握的知识与规则进行各种活动的能力，体现着人的理性。理性是人对自身自然本性的超越，理性是人一生不停追寻的目标，人不断塑造着自己的理性。

　　理性源于古希腊的赫拉克利特的"逻各斯"，柏拉图的"理念论"；后来康德肯定了人打开世界这一价值，开辟了理性的新思想；随着现代思想的深入发展，理性的价值遭到人们的怀疑。马克斯·韦伯认为理性有两类：工具理性与价值理性。工具理性帮人们一味追求利益，价值理性则以人为目的，使人成为真正的人。理性的价值被辩证地看待后，人们进一步发现了人的先天性的局限。

本章作者思考了康德的范畴、悉达多的自我人生追寻、人类自我成长中情感的需求，让我们体会到了理性的丰富，也让我们发现了"理性是解放了人还是束缚了人"的问题。

论 范 畴

◎周润泽

当我们静坐于窗前凝视日落之时，可否想过这落下的夕阳翌日会从何处升起？倘若是从东方升起，又有什么依据使它成为必然？甚至，这是必然的吗？等我们从玄想中回过神来，我们又是否会惊异于方才的想法，并对既有的知识产生怀疑呢？

因此，我们需要厘清知识的内涵。而康德作为哲学绕不开的"蓄水池"，其一生中最得意的理论之一——范畴——无疑能帮我们把握不少思维与认识的条件。

康德的范畴还有一个限定，就是它又叫作"纯粹知性概念"。我们知道，概念是知性的，知性有着许多的概念，而其中最纯粹的就是范畴。我们能够看到，形式逻辑的定义都是分析的。比如：人是理性的动物。其中人的概念里已经有了后两者的表象了。因此，相对于先验逻辑，形式逻辑更像是知性自己的游戏，而不在乎对象。而范畴要处理的，就是面对先天感性杂多、时间与空间杂多的综合问题了。

范畴表来源于亚里士多德，康德对亚里士多德的"十范畴"进行了细致的考察，完成了系统的、纯粹的十二范畴表。

至于原本亚里士多德的一些范畴，有的完全混杂，有的则并不纯粹，可以放入派生的知性概念/纯粹知性的宾位词中去，以此确保范畴/云谓关系的本源性。

康德更新后的范畴表就如同一面先天的知识之网，我们可以用它去捕捉那些感性杂多来形成知识。同样，知性的范畴是先天地、统摄性地指向对象的，这就使得纯粹知性能够发挥作用，建立知识。因此康德说："人要为自然立法。"康德的范畴表都是这样展开的，对于量、质、关系、模态的划分对应着主词的量，谓词的质，主谓关系与系词。

最后，康德尤其关注的是他的第三种判断形式，即"正—反—合"中的"合题"。

在量中，在亚里士多德看来，单称判断不过是一种特殊的全称判断。康德对此进行了反驳。单称判断对应的是全体性范畴，虽然看似颠倒，但是其中别有用意。

单称判断之所以在合题的位置，正是因为它是按照内容来划分的。我们都知道，外延与内涵是成反比的：外延越大，内涵越小。康德指出，对于单称判断的划分，应把合题区分于正题与反题便是处于概念对应的对象，而非概念的外延来看的。合题因此包含着正题与反题的某些特点，一如此处的单称判断。因此，在这里有必要按概念对应的对象来划分。

当我们说康德是一个存在者的时候，会发现这个判断太空洞了。当我们说康德是个人，康德是个哲学家的时候，我们会发现随着范围的缩小，"康德"在这句话里也逐渐丰满了起来。只有单一概念才能够支撑起判断涵盖的普遍性，才能够有丰富得近乎无限的内涵。其对应的全体性/总体性全体性就是单一性的多数性。也就是说，作为一个包含着各自成为对象的完整体系，是一个可分的整体。

在质中，康德将无限判断与肯定判断区分开来，区别于亚里士多德的逻辑划分。它拥有一个"是"的肯定判断的形式，却表达着否定判断的内容，因此也是合题，兼具两者特点，并产生了它自己的特点：指向性。无限判断就它提供的范围来说，的确毫无用处。因为我可以说："灵魂是不死的。"我同样可以说，"灵魂不是有死的。"但是它依旧提供了一个方向：A 是什么？它说不上来，却能指出是在"非 X"的那个方向里。它的"是"是内容上而非形式上的。

实际上，无限判断并没有说什么有用的、确定的内容，它仅仅是通过否定来引导一个方向，做出一些限制。从形式逻辑上来看，似乎无限判断已然凭借一个"是"获得了无限的知识，但是正如谢林所指出的，无限失去了限制就什么也不是了，它必须是一个有限中的无限，在这个异质的地方进行限制，通过否定引出肯定。

在关系中，康德非常重视关系判断，他从中引出了因果范畴，并将用它批判休谟的怀疑论。三个判断可以写为这样的形式："是""如果……那么""不是……就是"。它们分别是"谓词对主词的关系"，"由两个定言判断复合后的判断"与"两个以上的定言判断复合起来的判断"。

定言判断的经典表述是"S 是 P"，其实借用了亚里士多德的实体关系。毕竟实体被定义为："只能做主词，而不能做谓词的东西。"无论康德是这样还是那样，这都是康德在变，都是同一个康德。而康德是这样还是那样，都是基于康德如何。正如偶性与实体的关系。偶性就是实体的偶然属性。

假言判断中蕴含了因果关系。当我们说，天气降温会使我感到很冷，这是一个定言判断。实际上，它所揭示的就不只是实体与偶性的关系了，而是实体与实体的关系。实体如何与实体发生关系？通过因果。也就是说，这句话包含了两个判断，其通过因果性连接起来。偶性是实体偶然的属性，也就是实体的一种结果，在一个实体内部。那么，如果从这个偶性对另一个实体的影响着眼，就形成因果了。也就是说，这句话可以表述为：如果天气降温，那么我会很冷。换言之，当我们要去认识一个实体，我们只能通过这个实体的偶性。这也就是为什么康德认为我们只能通过现象去思维自在之物。

选言判断是跟协同性范畴对应的。协同性范畴可以说是一种交互关系，也就是组成选言判断的各个定言判断的关系。我们会发现，当我们说 A 要么是 X，要么是 Y，要么是 Z 的时候，只有一个定言判断是真的。选言判断和假言判断在假设性上是相同的，都表达了一种有待确定的可能性。但是选言判断中，各个判断都是不相容的，是对立统一的。也就是说，A 如果是 X，就一定不能是 Y 或者 Z。在这里，X、Y、Z 是对立的。然而，A 也不可能是 N，它的全部范围被限定在了 X、Y、Z 三者中，因此是统一的。对 A 的判断，恰恰就是从此三者中交互出来的。这里强调的就是在互相规定的排斥关系中互补成为一个全体的协同整体/全体才能确保判断的必然性。

从这个方面说，波普尔的证伪主义就是在考虑到知识自我发展不完备时那一个永远无法划定的剩余，通过后者对自身的认识来不断保持与前者拉开的距离，从而完成发展——他的全体是敞开的，是不断发展的不完全体。不过康德在这里显然没有考虑到这一点，而是依旧用一种相对静止的眼光来拆解全体的概念。

协同性，一如先前提到过的，是"共同体"的意思。并且，它是一个动态的共同体，因为它要体现一种交互关系。不同于因果性，在这个共同体里，必须都是实体，而不是通过一个属性的在场来替代背后的实体。在这个共同体中，每个实体都是平等的，互相存在一种交互的因果关系。彼此都对彼此的偶性有着联系，却不对彼此有着如同因果性一样的直接联系。因为实体只能是"主词的"，它永远是主动的，是可以发出作用并抵抗另一个实体对它的作用的，这个主动性以偶性的中介为可能，其动态性就体现在一个实体发出的动作可以被看作另一个实体的偶性，因而是相互影响的，彼此互为原因。

在模态中，前面说过，模态对应的是系词，它将整个判断的讨论终于上升到了哲学的层面，因为它突出的是主体与客体的关系，即思维与存在的关系。而在前面，量体现的是数学性，质体现的是感性，关系体现的是自然科学性，唯有模态体现的是存在问题。模态不是具体知识的某些因素，它是具体知识之所以可能的因素，是起指导作用的，因而是认识论的。模态中有三种判断：或然判断、实然判断和必然判断。

或然判断，就是可能性判断，对应的范畴就是可能性—不可能性（以下简称可能性）。不过，这里的可能性主要是随意性，也就是主观可能性，它是没有什么根据的。我们完全可以想：如果我们现在穿越到晚清去让皇帝接受一些社会主义的思想，中国近代史会不会少一些血与泪？当然，我们只能是空想，是不要求依据的，也不能要求到什么依据。因而是随意的，是抽象的可能性。

实然判断，对应的是存有—非有范畴，也就是现实性范畴。在这里，康德特意注明了现实性和真实性的区别。真实性是指逻辑上的真实，它是建立在或然判断的关系上而非结果上的。也就是说，两个或然命题的连贯性是实然的，是用因果来连接的。在实然判断本身，无疑就具备了这样一种表达出了知性间逻辑运转的判断，已经进入了逻辑的规律里面。

然而，这里的实然性依旧是逻辑的可能性，也就是说，是主观的可能性，而不是客观可能性。因为这依旧是主体假设出来然后进行推导的可能性，并未落到实处，即经验对象。实然性表达的逻辑可能性是思维的，而其对应的现实性范畴表达的客观可能性则是认识的。我们当然可以思维物自体，但是我们不能认识它。因为物自体是超感性的，不能被感性杂多支撑起来，缺少经验的质料，这是不可能的。因此，想要获得知识，就必须运用现实性范畴，在本体论、认识论的层面去建立一个指向感性对象的客观现实的可能性。

必然判断采取三段论的形式确保自身的逻辑必然性，是作为一个推论来存在的。实际上，我们回顾前面的两种判断，它们都是作为推论的成分才能被称为其本身的，即作为小前提与结论的判断。康德是分析地拆解过这些成分的，但是它们只能以一个整体运转。黑格尔也说过，概念自身分化成判断，判断展开就是推理。只有在这个推理里面，这些成分才能保证它们规律的实在性，获得根据。因此，必然性必须是由三段论体现出来的，使三个判断排列起来确保知性的普遍必然性。必然性是可能性本身给出来的一种现实性。也就是说，必然性要求的是现实的可能性。

不过我们依旧需要反思：康德失败的闭合与未来的敞开之序。

在康德"知性在判断中的逻辑机能"这一小节里面，他对他的先验范畴做了铺垫，试图从形式逻辑里面引出范畴，即"发现一切纯粹知性概念的线索"。这一章与先验感性论之中的形而上学的阐明相对应，可以称之为范畴的形而上学的演绎。逻辑机能表与范畴表的关系并不是简单的线性关系，它们更像"解释学循环"那样运作。但是总体来说，范畴表还是继承了逻辑机能表，继承了形式逻辑，而这也恰恰使得范畴表是僵硬的。黑格尔便认为范畴表本身缺少"推演范畴"。

实际上，我们不难发现，康德在《纯粹理性批判》的努力几乎都是指向了超越的纯粹理性。与其说康德是要把握那个绝对的不可知，不如说康德对其产生了疑问——从人的善恶角度，承认了一段我们与物自体之间永恒的距离。然而，这段距离靠什么维持呢？反而恰恰又是靠物自体本身。我们感官的刺激，作为原初质料的感觉来自物自体，可是物自体为什么会刺激感官呢？

换言之：看清范畴之后，它的全部作用的终点，即那堆感性杂多又是"如何可能"的呢？康德只能反推，采取一种减法，一如他对于空间和时间采取了一种感官的减法，以一种心理学的姿态将这两个纯直观剥离出来。然而，这也意味着康德从一开始的预设就是混杂的，换句话说，他笃定一切表象背后都必须有一个中心的本质，好比物自体与他的纯粹理性。然而，这也意味着我们的理性是以一个第三者的身份出现的：要把空间划定为外感官的纯直观，无疑要求我们把空间限制在一个空间里的非我的位置，把自己的身体剥离出去。并且，它还应该拓展到外感官身体产生的感觉与对应的自然关系，那么，我可以说，做不出数学题时的气短胸闷是在空间中的。但是看着交卷时间的缩短，做不出题的那种绝望感——无论在哪个瞬间——都是内感官的。

尽管康德本人确将空间归结到时间上，这也是一种妥协，因为他试图从一个不占空间的悬空在我们身体上空的窗口里凝视我们，且仅仅凝视我们（人类）。然而，这也恰恰使空间的表象不是更高阶的，而是动物的。我们获得同一感觉的这个基石回撤到了自身外面，或者说，被我给让出来了，让给了我的客体性。康德看见了这段距离，或者说，正是因为他走过了这段距离，他才看见。但是他试图用纯粹理性去把握这段距离，就是不可能的了，换言之，他的纯粹理性是超验的。理性在往前回溯的时候，它只能发现一个先于他的东西，但是我们并不知道这是不是纯粹理性。而康德采取的一贯手段，即量化分析，也并不能把握这一段距离。这就好像谢林所谓的"意识前的路",我们没办法意识到,除了承认这种原始的存在感,还能如何呢?

康德试图超越这个规则,却是以一种极端的规则来超越。这就导致了一个悬而未决的困境:如果我们回顾康德的先验对象,就会发现它是一种妥协,是一种拉康意义上的换喻,它是无限多的现象序列,那个刺激我们的可能被知觉的对象无限滑动下去,本身便占据了中心的空无,成为一个虚幻的泡影,遥望一个空无的中心。这却恰恰是康德哲学中必要的"失误",因为当我们迈出任意一步,把先验对象从一个指向本体(X)或者整个现象的原质上确认下来,除了走回规则,使这套哲学"正确"之外,什么也得不到——因为我们迈出的任意一步都会踩断这根平衡木,瓦解这个哲学,要么叫本体在现象中展开,要么令自我统觉,这个自发的、构建性的中介,以黑格尔的方式彻底撕裂康德哲学。

指导教师:尹胜娟

扬弃怀疑主义

◎曾宪猷

　　我们总是，也只能以自己为中心去观察、感受外界。我们每个人从出生到死亡都被"锁定"在一个无法逃脱的物质器官，即我们的身体之中。身体则包含了我们所有的感知器官和信息处理设备。因此，我们只要还活着，就局限于一种特定的系统。虽然当它运行时我们可以正常感受生活，但是这是一种我们应当与之抗争的局限。毕竟，谁愿意一辈子被关在一个狭窄的躯体中而丝毫无法逃脱呢？

　　人获取外界信息的途径有两种：一是意识通过自身的感觉器官直接感受、获取信息，如：苹果看上去是红色的，尝起来是甜的。二是人通过先前获取的经验，或是先前通过学习在头脑中形成的概念理解外界信息，比如橙子是一种圆的、橙色的、带皮的、味道甜中带酸的水果。这句话中其实包含了许多约定俗成的概念。留心一下，即可发现，小到人们生活中的日常交流，大到科学家定义某一样事物、提出新的理论，无不需要借助先前已经广泛使用、被普遍认可的概念，否则人类之间将无法正常沟通。这两种途径相辅相成，共同作用，帮助人类获取信息，进而通过自己的思维得到属于自己的独特认知。

由此就产生一个问题：通过这两种途径获得的信息真的是准确的吗？

显然，通过感官获取的信息的准确性是值得推敲的。因为人的感知能力是有限的，眼睛能看到的事物之间的距离、东西的大小，味觉所能尝出的味道，听觉所能听到的声音，触觉所能感受到的触感，这些无不是有限的。从苏格拉底和他的朋友巴门尼德、芝诺起，他们都认为，感官是不能相信的。因为事情是明确的，而我们的感官由于有局限性不会也无法向我们准确反馈在现实中发生的事情。我们所获取的只是一些"有用"的信息，而不是像科学般准确的信息。

但我们应该非常感谢它们为我们提供的信息。感官存在的目的并不是帮我们找到某种意义上的真相。当我们知晓了感官传递的外界信息会出现偏差，甚至欺骗时，我们应当就此通过科学的方法建构一个相对准确的、可以洞悉事物本质的图景。

与此同时，他人也是我们主要的信息来源，但是这一信息来源相对来说更加不可靠。因此在接受所谓的、宣称的事实之前，我们应该更加慎重，通过理性判断，再有选择地加以接受或是拒绝。那么具体应该如何做呢？毕竟，我们每个人都生活在特定的文化圈中，比如在中国就有中国人独特的文化传统、风俗习惯以及为社会所公认的社会范式。生存其中，我们就不得不接受大量已流传千百年的知识。当今是信息时代，互联网、移动技术的蓬勃发展，使人们可以轻松了解社会动态，与外界沟通更加方便。但同时也伴随着海量的信息蜂拥而来，这些信息良莠不齐，真伪难辨，我们真正能相信的少之又少。

因此，我们所获取的信息并不是完全准确的，我们根据所获取的信息而产生的认知，自然也是存在偏见的。基于以上事实，一些人开始"怀疑"，"怀疑主义"也应运而生。

怀疑主义者怀疑自己的所见所闻、所思所想、曾经坚守的信仰……古希腊哲学家和修辞学家、著名的智者高尔吉亚反对巴门尼德"存在论"的独断论并提出了三个著名的怀疑论命题：（1）无物存在。（2）如果有物存在，也无法认识它。（3）即使可以认识它，也无法把它说出来告诉别人。

针对以上命题：首先，假设真的无物存在，那么，"存在"这个概念就无法构建，"存在"这个概念既然存在，则必然有某些"实在"使人出于沟通的需要而提出"存在"这一概念来使用。其次，已推得有物且存在，根据前文推论，我们是可以感知并认识事物的，但是我们的感知是有局限性的，而认知也存在偏见。接着，我们基于我们的认识提出了许多的"概念"以进行沟通，并没有因为信息的不完全准确和认知的局限而无法沟通以及影响正常生活。因此，此三者皆为伪命题。

怀疑主义者认为世界是荒诞的，他们觉得"人生就像一个程序，无论我们是谁，我们做了什么，古今中外的所有人无不经历从出生到死亡。那么我们做许多事情的意义是什么呢？我们活着又有什么意义呢"这是两个很有意思的问题。如果我们站在物理的角度看待时间，每个人都有生卒年，终有一死，所做的所有事情最终都会灰飞烟灭，的确是没有意义的。

"意义"，本身就是人赋予的。BBC 纪录片《生命》中提出：
"每个生命个体都为了同一个目标而奋斗，将物种的基因传递
下去，保证后代的繁衍生息。"这是绝大部分动物的生命的终
极意义。作为人类，我们在某些时段时刻获得巨大的享受，在
某种意义上是不是代表着某种永恒。比如说在听到交响乐高潮
时，感到精神上极大的满足、享受，这种体验在某种意义上也
是一种永恒。人生的部分意义就是体验，无论幸福与苦难，都
是天赐的"礼物"，没有坎坷、磨难，又如何体验幸福的
快感？

诚然，相较于那些不反思的人，那些不愿意实现自身超越
性、否定性也就是实现自身人性的作为奴隶的动物，这些沉浸
于痛苦的意识中的怀疑主义者已是取得了自我意识的进步，因
为他们已经在抽象层面部分地实现其内在的否定性，尽管这种
否定性依旧停留在较为初级的阶段，但还是有其值得肯定的
部分。

当人可以怀疑一切，认为一切都是不真实的时，人就拥有
了绝对自由。可真是这样吗？

我们束缚于肉体之中，但我们仍向往、追求自由，这是人
的本性。可所谓的"自由"究竟存在吗？如果存在，我们人
类真的是自由的吗？我们真的能够按照自己的意愿去做出选
择，活好自己的一生吗？还是说我们只是在走一条已经预先设
定好的路？或者说我们只是在出演一部属于我们的独特剧本？
这便涉及了千百年来诸多学者乃至神学家争论不休的话题：自
由论与决定论。这两种学说在逻辑上是矛盾的、对立的。人们

试图调和这一矛盾，使人们可以相信维护自己的理性。哲学是人们的世界观和方法论，人的世界观指导着人们的行为。几乎没有什么哲学问题能像自由论与决定论这样对我们现实生活产生更大的实际影响。我们应当尝试使这两种理论为我们的现实生活提供有效帮助，使其为我们所用，而不是使我们陷入无尽的怀疑深渊。

"自由论"的代表人物萨特曾说："自由是我唯一的癖好。"可以毫不夸张地说，他比任何现代哲学家都更多地宣称："人是自由的，绝对和无条件的自由。""没有决定论，人是自由的，人是自由。"在《社会学的邀请》一书中，作者将木偶戏与自由联系起来："木偶随着木偶线的操纵上上下下，在小小的舞台手舞足蹈，严格按照他们的角色进行表演。刹那间，我们觉得自己也很像木偶。但与木偶不同，我们可以在我们的演出动作中停下来，抬头仰望并感知操纵我们的'木偶线'。"

在自由与决定论中：一方面我们感觉自己是自由的：我们可以自由地做出选择，并为我们所做出的选择带来的结果负责。每个人或多或少都曾为自己的某些选择感到后悔、愧疚，也就是说，我们本能够也应该有更好的选择。另一方面，我们又感到自己好像是注定的，就像圣保罗所说："我所做的，我自己并不明白。我所愿意的，我并不做；我所憎恶的，我倒去做……"根据我们的生活体验，我们不得不接受这一结论：在我们的内心或是头脑中，有一种反复无常的因果力量，一种潜在的意识，指引我们做了无数违背我们意愿的行为。我们既体验到了自由又感受到了注定，而两种感觉都很真实。

针对信息的不准确性与认知的偏见，质疑我们所获取的信息，保持批判性思考，是相当有必要的。同时，我们还可以借助"推理"来使信息更准确或者获得新信息。即从已经确信的内容开始，通过科学的演绎和归纳法，推论得出我们先前不知道的新信息。一个美国人在日本旅游，他通过软件查询可以知道一美元约可换大约一百四十日元，他一顿饭吃了一千四百日元，那么稍加推理，他便知道"这顿饭花了十美元"这一新信息，感叹真便宜。这位美国游客便是用演绎法得出新的信息。在天文学中，天文学家们在实际观测过八大行星的运动轨迹和方向后，通过归纳法得出合理推论：八大行星轨道存在近圆性、共面性，而方向具有同向性。由此，"推理"的作用可见一斑。

总之，由于信息的不准确性与认知的偏见，怀疑主义有其合理性，但它应当是为我们所用的工具，让我们保持批判性思考，与演绎推理共同作用以获得较为准确的认知。人生本无意义，意义是人所赋予的。在追寻意义的过程中，必然会经历种种，体验到"自由"与"决定"的双重作用，演绎或是选择，未可知也。

指导教师：林启华

千帆历尽归来的解脱

——论《悉达多》

◎徐一珂

一个人的一生，都不过是在追求千帆历尽后归来的解脱。

《悉达多》这本书看似讲了一个古印度贵族青年寻找自我的故事，应该有很多人看过，但大多数人对书的理解却仅仅停留在表面。人们把这本书当作佛陀传记，认为讲述的也是佛教的哲学觉悟，这是绝对错误的。它并非佛传，而是赫尔曼·黑塞自己以及天下千万寻常人的一生。

当主人公悉达多作为婆罗门之子，穿梭于桫椤双林和无花果树之间尽情享乐时，就像童年时期的天真无邪和无忧无虑，彼时的他对无声念诵的"唵"并无任何感受，只是随波逐流、循规蹈矩地模仿。这使我想起另一部小说《德米安》中辛克莱的父母，那对虔诚的教徒。不过辛克莱没有将硬塞进脑子里的教义奉为圭臬，他几乎与悉达多一样，出走去找寻"自我"，这也是黑塞一些作品的主旋律。

我们可以从黑塞笔下的每个人物身上发现他自我的一部分，或者说他将自我分解为许多个灵魂，让他们开启一段独特的旅程，而这旅程同样映照了他自己，抑或许多普通人的人生经历。《悉达多》中的几位主要人物，乔文达、迦摩施瓦弥、迦摩罗和悉达多，他们分别代表了道德、利益、爱欲和解脱。黑塞通过悉达多的故事告诉我们：道就藏在人生的所有酸甜苦辣、喜怒哀乐中，"我"便是沿途走来的所有"我"，是所有过去经验的总和。

在《悉达多》这本书中，宗教信仰是一种枷锁，压抑了人的本性，让人在潜意识中称自我为罪孽。教徒们每日净身，却仍认为自己的骨肉和血液依然污秽。小悉达多面对亲情和友情营造的假象，看见了虚幻世界之外的丑恶，他开始质疑献祭诸神的可靠性——连诸神之降临也不可避免地受制于外界。信仰一旦被摧毁，就很难再建立起来。对此，悉达多内心充满不安。因此，悉达多认为只有找到真正的造物主阿特曼，他才能得到永恒的幸福、安宁和满足。于是他踏上了寻求真我、自我的道路，那时他仍相信只要彻底去除"我"，根植于深处的"非我"就会显露出来。

本书中无数次提到"自我"一词，这是悉达多穷尽一生也要找到的高尚又明晰的真我。但直到后来他才明白，自以为用悔悟和惭愧杀掉了的"我"，却依然盘踞生长着，所谓一生二，二生三，三生万物，万物变幻，九九八十一后又再循环，归一。"真我"本就是"我"，阿特曼也是"我"，一个灵魂是千万个灵魂，千万个灵魂亦是一个灵魂。

这和我们总是惊叹于人性的多变。一个人可以有千万副面孔，抑或是面具，可是戴久了的面具是摘不下来的。那个最自然、最真实的灵魂被躯壳禁锢，以至于我们自己都忘记了它的存在。把自我迷失在这样的幻象中，是悉达多的痛苦所在。玛丽娜·阿布拉莫维奇1974年做过人性实验，她将自己麻痹六小时，其间路人可以任意处置她的身体。实验结束，她满脸泪水地收获了一身伤痕，也让世间见到人性恶的一面。玛丽娜恢复知觉后，人们都慌忙争先恐后地逃走。那些人一方面清醒地知晓自己所做的事，另一方面，却不加克制地让自己的贪欲和恶念肆意生长。

悉达多加入了沙门，在日复一日的冥想和不断回归自我中，他发现自己学会的只是逃避现实，只是在利用比酒精更高明的技法逃脱现世，沉溺于沙僧障人眼目的沼泽中停滞不前，忘了欲望、理想和追求。这不是他追随的真我，于是他离开了。作家胡晓梅说："逃避，或者选择性地遗忘，本质上是一种视而不见的懦弱，生活也会因此加倍地报复回来。"这是大部分人都懂得的，只有坚强地面对困苦才有可能脱离绝望的泥潭。逃避或许有用，但逃避并不是解决一切问题的有效方法。悉达多比乔文达多了一份执着和果断。他了解追随真我、拜自己为师才是可取之道，于是他更早地看清脚底的石块与荆棘，更快地追随本心。

后来悉达多告诉佛陀，在统一、逻辑完善的万物中却存在一个断裂之处，"那就是您的超世拔俗，获得解脱的法义。您已超拔死亡……"但事实上，佛陀的法义"它的宗旨并非为求知好学之人阐释世界，它另有他图：它的宗旨乃是济拔苦难，再无其他。"人生的路要自己走，道也要自己悟，别人能做的无非是催促你的脚步、指点前方的陷阱和分岔。这也是为什么晚年的悉达多被故人追问，却闭口不言的原因——如若天生与造化无缘，那也有自己的路，拘泥于一处，是不明智的。"智慧无法言传。智者试图传授智慧，总像痴人说梦。"我们上演着人生百态，各自背着包袱上路，相遇相识又分开，期盼着在顶峰相见。

悉达多的中年最痛苦、最难熬、最享乐也最精彩。商人迦摩施瓦弥为拴住他让他好好做事，便提出给他分成。当悉达多独自拿货晚了一步时，却也不急躁懊恼，反与孩童玩乐，观人生百态。后来商人问他，他只说与其兴致缺缺地空手而归，不如好好欣赏风景，与人结交，收获友谊和信任，也不枉一场时间和精力的付出。人活一世想要开心，最重要的便是不能急促，心态平和、知足常乐乃是重中之重。

他视人生如游戏，人生也以游戏回应他。小有富贵的悉达多深陷于赌博、花天酒地、灯红酒绿。我认为这是放纵，是礼制宗教束缚和压抑下的彻底释放。他成了那些自己曾看不起的人，甚至还不如他们，他沦陷在肉欲狂欢和日夜酗酒里。在无限的梦境与疯狂中，我又看见年轻的悉达多笑眯眯地对好友说，哪怕去酒馆随便喝瓶酒也可以逃避现实，这与沙门的法义有何区别？曾经清醒的人也会受制于人间，善与恶、天使和魔鬼原来只有一纸之隔。充盈着财富、淫乐和权力的世俗将他囚禁，无价值的生活、不能远瞻的思想使悉达多深陷悔恨，于是他离开迦摩罗再次独自踏上寻求安宁之路。他尝遍了生活苦楚，所有磨难残忍又柔情地在他身上留下存在的痕迹，推搡着他来到河边。不论信仰着什么宗教，所谓的"悟"不是山前必有路或船到桥头自然直，而是千帆历尽人如故，天堑不日归通途。这是黑塞这本书想要告诉我们的。

前方充满着不确定性，却冥冥中伴随着些许宿命感。每个人都认为自己是独特的天才，然而大多数人实际上都只是普通人罢了，我们最想成为悉达多，却连乔文达都不是。世界上几十亿人，称得上圣贤、至尊的有多少？为什么偏偏是他们不是我们？这是另一个话题了。诚如"钱会流向不缺钱的人，爱会流向不缺爱的人，苦难会流向能吃苦的人"。我想以此比喻乔文达和悉达多两人的命运，两人重逢时，前者终其一生循规蹈矩、苦苦修炼，成了得道高僧，后者却落魄不堪，自暴自弃地将要投河轻生。我们总以为是上天让我们受苦，但其实大多时候是我们自己的一念之间造就了我们长久或短暂的光芒万丈或黯淡无光。那一刻，乔文达眼中好友的光环是否有破裂的瞬间呢？但这瞬间恰恰是所谓落魄者的新生。无常之物更迭迅速，世相之轮飞转，悉达多曾富有，曾荒淫俗气，但现在的他自称是求道之人。人思想的流动使上一秒与下一秒的想法有时大相径庭，而上一秒被称作历史，下一秒被称作未来，"现在"存在其中，罪孽的"我"亦是能被改变的"现在"。通悟的神圣时刻照亮曾经的不堪，让它们黯然失色。

故事的结尾，借河水，悉达多终于释然。在引渡人瓦稣迪瓦的指引下，他学会以倾听河水来听万物，以受教于河流来受教于万物。如《道德经》所云："上善若水。水善利万物而不争，处众人之所恶，故几于道。"水流与世无争，滚滚向前，周而复始，悉达多追寻的真理正蕴含其中。他悟道：时间终究是不存在的，过去是过去的现在，未来是未来的现在。因而人的一生被"现在"贯穿成一条线，我们能做的只是过好当下。

老年的悉达多通透了，却离彻底觉悟还差一点儿。迦摩罗被毒蛇咬伤中毒身亡，而儿子厌倦父亲，独自回到城市，亲人的离开给了他最后一击。痛苦让他明白了世间纷扰，为什么父母盲目地爱孩子，为什么年轻女人盲目地追求珠宝，为什么男人用充满欲望的眼神打量女人——他理解他们，通晓并同情他们那不是由思想和理智而是由冲动和欲望掌管的生活。这个终生探寻答案的人，终于得到了圆满。原来只有经历，才有通晓；只有洞悉一切，才有感同身受。

《名人传》中，罗曼·罗兰写道："世界上有一种英雄主义，就是看清生活的真相以后依然热爱生活。"悉达多如此，黑塞如此，我们亦如此。

就像初入沙门的悉达多那样，将意识嵌入生灵，循环往复，历经割裂、死亡和新生后回归——我们则终究回归生活中的自己。随着笔墨挥挥洒洒，我们观摩了悉达多的幼年、中年和老年，看他从初入世事到满身红尘，从穷奢极欲到圆满求道，仿佛看到自己的人生也是这样，穿过满地荆棘来到彼岸，岸头团团鲜花争相盛开。

指导教师：林启华

成长中的情感需求

◎王若优

情感，是人所具有的一个重要特征。情感有许多种不同的形式，看起来很复杂。

实际上，情感就是人的一种意识活动。人先是对外界产生感觉，如听到、看到等感知的体验；再在大脑中形成认知，对其分析；最后做出一个判断，进行相应的反应，在反应过程中体现出感情。所以感情的产生来源于意识的产生，在人认知的过程中产生了许多感情。

我们应认识到，猴子、大象、狗、猫等动物们都拥有情感，而人的情感更为高级，这是人不同于其他动物的突出特点。

情感进化理论解释了这一点，人的复杂情感源自进化。达尔文认为人类和生物机体的不断进化，体现在生物种类不断分化而多样，细胞结构不断分化而复杂。人的情感也如此，情感的表现不断分化，情感的层次不断复杂，情感的行为不断多样。

回顾意识的进化，史前的生物都懂得趋利避害，一方面获取食物维持能量；一方面躲避天敌，感应灾害，以保证自身安全存活。在适者生存的自然法则下，只有简单的"避害活命"意识的生物渐渐没落，而生存下来的生物的意识趋向于复杂、高级。人类的文明不断发展，至今可见许多伟大的成就，说明人的意识是在向高级化、复杂化、多样化进步的，也就能说明人的感情随之越来越复杂。"喜怒哀乐"只是基本的情感，生活实际告诉我们，即使是"喜"，在不同情境也是不同的"喜"。

以上是从人类整体的进化来看的，而以个人来看，也能发现情感的"进化"。人的认知有感性、知性、理性三个阶段，情感又与认知息息相关，情感随认知而进化。

婴儿的情感就会显得简单，他们的情绪变化快，是出于认知的浅薄，外界的任何变化都能勾起他们的反应，但常常他们只看到现象表面，所以不会有更深的情感反应。随着年龄增长，人的认知能力、思维方式、知识基础都有所提升，同时人生经历的丰富也使情感体验多样。常有人怀念小时候的简单快乐，但成长的过程迫使情感复杂。不同的体验促成不同的情感方式，因此关注成长过程中的种种情感体验就显得尤为重要。

动物学家哈洛夫妇对此已经有了相关的思考。他们曾研究过恒河猴的成长模式，让猴子一出生就与母亲分开，发现：在同龄群体的陪伴下，猴子依然能产生情感。若其又被剥夺玩伴，则无法再融入群体，甚至会产生攻击的反社会行为。并且指出，实验结果与人类的成长模式类似。恒河猴在成长过程中缺失母亲的爱与安全感，缺少同伴的爱与陪伴，导致其不合群和反社会。猴子如此,人类作为一种有着更高级情感的动物也应具有这样的特性。由此看来,在我们的成长中,对于情感需求的满足是不容忽视、必不可少的。

那么,情感需求是什么?我们需要的是哪些方面的满足?情感需求,指的是一种感情上的满足,一种心理上的认同。谈及情感需求的分类,心理学家马斯洛已经给出了被人们普遍认同的结论,他把人的需求分成生理需求、安全需求、社交需求、尊重需求和自我实现需求五类。并且,在马斯洛需求层次理念中认为当一种需求得到满足时,人们就会开始追求下一层级的需求,层层向上。这是一个不断上升的过程,人在成长中不断地达到这一级一级的需求满足。

在现代生活中,对于大部分人来说,生理需求,即衣食住行等物质类的需求基本都已不成问题,在现今社会我们的成长中,长辈自会为我们解决这些需求问题,大多数人无须为此发愁。所以对于大多数人来说,成长过程中的情感需求最基础的应该是安全需求和社交需求。

结合恒河猴的实验来看,在猴子的成长过程中需要有母亲的陪伴,母亲会带它体验世界。对比被隔离养大的猴子,其在新环境中会感到恐惧,没有母亲作为它安心的后背,让它明白如何与世界建立联系。这体现出的便是成长过程中的安全需求。

缺少了母亲陪伴的猴子不一定就会表现出反社会行为,经过研究观察,恒河猴在同龄伙伴的陪伴下,也可以弥补母亲的缺失,在与同龄伙伴的交往、一起成长中依旧能融入社会,学会正常的交流、亲近世界和爱,这是社交需求的体现。

人类婴幼儿的成长类同于恒河猴。而青少年的成长中也有尊重需求的体现,青少年青春期的发育让其有了成人感,自尊的心理有所发展。青少年希望自己能独立生活,能自己决定自己的事物,自己的心声能被理解。随着网络的发展,青少年在网络上便于交到与自己兴趣相同的好友,提出的话题能被好友理解,任何情绪的表达都能得到好友的及时回应,有被重视的感觉,保护了青少年的自尊心。

在成长中,我们会对自我价值产生探寻和追求的心理,比如在考试中取得好的成绩,通过长辈或同学的认可和赞美,也会自己不断追求提升自我,这是自我实现需求的体现。

综上可知,满足人在成长中的情感需求尤为重要,这与自我的形成、未来的发展与生存有着密切的联系。

成长的过程也是形成自我的过程,没有人是完全独立的个体,人是社会性的,人在群体中才能获得情感的满足。当我们被鼓励和肯定时,我们才会感觉到被需要和自我价值;与他人交流,才能感受到我们是被关心的。在成长的过程中与他人交流互动时,我们逐渐能认识到自己的能力和职责,找到自己扮演的角色,在社群中获得归属感。由此,满足了我们的安全和社交需求,从而实现自我价值,成就自我,获得了更高的情感需求的满足。

像弗洛伊德所说的"幸运的人一生都被童年治愈,不幸的人一生都在治愈童年",这句话也能体现成长时期情感需求满足的重要性。成年后,人依旧会因某些情景回到"儿童状态"。在这种状态下，人表现出最基础的心情是快乐、悲伤、愤怒、恐惧，就像儿童所具有的情感反应；还有一种儿童也会为了适应周遭环境改变自己，称为"适应性儿童"，如为了避免父母的严打责骂，事事顺从父母的心意，不会提出自己的想法。成长中情感需求的满足程度决定了儿童的性格状态并指导着之后的一切行为。因此，当成年遇到相似场景时，也往往会触发童年时相同的感受，影响当下的判断和行为。

例如《蛤蟆先生去看心理医生》中的蛤蟆先生因其严厉的父亲，缺少了家的安全感与归属感，情感需求没有得到满足；在他长大后，遇到了爱说教的河鼠让他想起的是父亲，内心会回想起父亲威压带来的恐惧感，导致他对河鼠的强权不敢拒绝而言听计从。

在成长中，我们是如何寻求到情感需求的满足的呢？我们该怎么做？首先，父母等长辈的陪伴必不可少，作为孩子，我们的心智还未成熟，父母带给我们安全感，让我们能安心去体验社会万物，我们的行为依赖于他们的引导，家庭的氛围对我们最基础的情感需求的满足起着关键作用。工作繁忙的马克思时常抽出空来陪孩子，做游戏或是讲故事，既是对孩子的情感需求的满足，也有利于孩子性格的养成。其次，我们身边的人都能满足我们的社交需求。我们与同龄人的玩耍、交流，是我们与外界沟通的桥梁，我们不能脱离群体而单独生存。这种情况下，他人对我们的评价也是我们不得不在意的，"我们随时都已准备好去扮演一个角色，去适应具体情况。这样我们就可以讨取他人的欢心，减少被排斥"。因此，我们可能会发现自己最后只是在扮演角色，丢失了真实的自我，我们真正的情感需求反而不能得到满足了。

《人间失格》里的叶藏为了讨好家人，故意扮丑，放下自尊去让家人开心，以此来获得关注，满足自己渴望被认可、关心的需求，但最终反而失去了自我，得不到幸福。所以，我们也要有自我意识，在追求情感上的满足时，不可为了满足获得他人关注的心理，而失去自我的个性和思维。我们不能拒绝与他人相处，却也不能盲目听从他人。

成长中情感需求的满足并非小事，"人的发展是按照认知、情感两个维度进行的，并且是两者的平衡发展、相互作用"。在快速发展的现代，人们太过注重物质与结果，但实际上，成长中的情感需求也不容忽视，而情感的培养不是一蹴而就的，是一个循序渐进的过程。我们不能忽视它，但也不能为了满足而满足。

指导教师：林启华

自然与审美

引　言

　　自然，可以理解为自然界，也可以理解为原初的、自由的本性。"天行健，君子以自强不息；地势坤，君子以厚德载物。"自然界不光养育着一切生命，也启迪了人的思想。人类与自然界共存，人类也是自然界一部分，人类与自然界你中有我，我中有你。

　　我们以为自然界最为自由，可细细想来，自然界从未自由过。生命以生命为食，自然界一直按着既定的程序发展。

　　美离不开人类，有人才有美。美源于大自然，又源于人的社会生活。自然与社会是美的基础，"生活中不是缺少美，只是缺少发现美的眼睛"。因为自然与社会是个连续的、流动的整体，此中有无穷的美，当我们驻足时，凝视时，就从一个片段、一个视角来提取一处之美。美是人类中微妙的体验，与人类的实用行为无关。

本章作者讨论了物竞天择是不是万物发展的唯一道路，也讨论了现代艺术的荒诞。在凝视自然、凝视艺术中给我们带来众多启发。

谈当代艺术的 "荒诞性"

◎雏 怿

    2021 年底，北京尤伦斯当代艺术中心，意大利艺术家莫瑞吉奥·卡特兰的作品《喜剧演员》作为当代艺术的代表在互联网上掀起了轩然大波。一根用灰色工业胶带粘在空白墙面上的香蕉，便是这幅作品的全部内容。《喜剧演员》作为当代艺术的典例之一，所展现的"荒诞性"毋庸置疑地成为多数人谈及当代艺术时的第一印象。

    显然，人们对艺术的印象绝不仅仅是靠一件作品就能形成的，倘若要追溯当代艺术的源泉，便不得不提到极具划时代意义的当代艺术作品《喷泉》。这件被法国艺术家杜尚送去纽约艺术展的陶瓷小便池，不用说被陈列在一百年前的艺术展上，就是放在今天，对于那些传统的艺术欣赏者和未接受过艺术教育的普通人来说，也仍是极为惊世骇俗的存在。耐人寻味的是，杜尚在晚年修订个人作品集时才最终将《喷泉》收纳其中，然而，无论杜尚是否秉持着艺术创作的本心寄去了这份签上"R. Mutt 1917"的作品，其造成的对传统古典艺术审美的轰动和对艺术定义本身的颠覆，都已是既定的结果。他作为达达主义的代表人物，尽管与达达主义早期在苏黎世孕育时的过于荒谬的表演有所不同，但仍然绝佳地彰显了其反对且超脱一切艺术表现形式的核心理念。自此，停留在人们原本的传统观念之中的"艺术美"的结界被彻底打破。当代艺术抽象、概念化的表现形式，"荒诞"地将极度平常的生活用品搬上了曾经被奉为大雅之堂的审美殿堂之上。

如此一来，难免要回归到对于"艺术审美"的界定与艺术的价值的本质上来。

纵观西方文明对"美"的定义，从柏拉图的"美是永恒的绝对理念"，到黑格尔所讲的"美是理念的感性显现"，再到休谟的"美只存在于鉴赏者心里"，人们对于美的界定始终在物质现实和主观思想之间摇摆。

而就康德所提出的"美是无目的的合目的性"而言，一切可以被审美的事物应具有的"优美"，即使人享有直接的愉悦，这种愉悦根据鉴赏判断的四个契机中首条"美的愉悦是无利害关系的"，表明审美过程中所感受到的美是无功利意味的。或许存在一个普遍的误区，即常常有人将审美"无功利性"的特点混淆或遗忘，比方说曾有人说过类似于：再美丽的雕塑也比不过一个面色红润的英国少女一类的话术就是一个典范，乍听起来粗俗且直白得有理，倘若细究就会发现其对审美定义的偏颇。与之类似，当我们谈论一道菜品时，我们称赞其为"珍馐"，诚然也是带着食欲冲动的功利性的。然而当我们走进艺术展或音乐厅时，我们可以对画作产生购买欲望，却永远不可能占有画作上的事物，我们可以通过不同的途径获得乐谱，甚至购买到原稿，却永远不可能占有悬浮于音乐厅空气中的曼妙音符。在艺术审美的过程中，无论是主动还是被动剥夺，功利性都不复存在于其中。

　　古典艺术如此，海德格尔的《林中路》中所举的凡·高的《农鞋》亦是如此。农鞋被摆放在画面之中，没有人有使用它的欲望，那么此刻农鞋本身以及凡·高对其的艺术表现，就使之所具备的实用目的被彻底削去，即"是其所是"。

　　那么当代艺术是否也是如此呢？显然这与凡·高的画作仍有着极大的差别。美国学者 M. H. 艾布拉姆斯在他的《镜与灯——浪漫主义文论及批评传统》一书中提出的文学活动四要素：世界、作品、作者和读者。这四个要素并非孤立存在，而是相互依存的，正像美学家朱光潜所言"美是主客观的结合"。一个作品的诞生，源于艺术家的心灵和对世界认知的反映，同时也是接受者对客体的再认识，可以总的理解为接受者的主体意志与艺术家的主体意志在同一件客观事物上的投射。

　　根据康德对"美"的定义，无论是杜尚的"陶瓷小便池"，还是莫瑞吉奥的"香蕉"，在作为艺术品被搬上艺术展的时刻，它们就失去了实用目的，似乎已毋庸置疑地可以被划分入艺术品的门类之中，可是这于大众看来却有些勉强，因为这些艺术家们的作品看起来不再需要扎实的功底，不再需要从小修习水彩、素描，不再需要付出高昂的时间和金钱进入不同的艺术院校修习绘画技巧，毕竟他们的作品可以是一个只需要提上篮子，拐进一家大型杂货商店就能获得的原材料！当代艺术作品，充满了点和线的堆积，譬如抽象派中的几何抽象，譬如近十年风靡全球的草间弥生。生活中的实用工具也被搬上艺术舞台，譬如杜尚的铁锹、旧自行车轮，安迪·沃霍尔的《金宝汤罐头》和《玛丽莲·梦露》，艺术家们注重于自我意志的表达而不断淡化着艺术品本身的艺术性，因而也就造成了甚至不再有凡·高画笔下的对艺术细节进行细致的处理的境况。

　　大概也正是因为当代艺术对于艺术四要素中"作品"本身的弱化最终导致了人们对其产生"荒诞"的印象，这些物品对多数人来说，只是作为物而存在，而不具备传统美学欣赏下的"直接的愉悦感"，因此大多数人在艺术馆看见香蕉、陶瓷小便池、铁锹、扫帚就会感觉是荒诞不经了。

　　当表达的欲望超出了作品本身的"观念艺术"而不断成为时下潮流时，一件物品是否具功利性意味的审美标准，实际已与其所在环境紧密联系而超脱了物品本身的"器具因素"。用布迪厄的"场域"解释，即当一个物品处于艺术场域之下，那么它就可以成为传达艺术家思想以及被接受者欣赏的物品。那么何为艺术场域呢？于我看来，艺术场域是社会的艺术习俗和审美惯例的集合体，比方说一个艺术品从诞生到公之于众的过程之中，需要艺术家、画廊或艺术馆、策展人、艺术评论家（即权威）、观众、观众评论等多种元素的共同作用。借丹托在《寻常物的善变》中所提出的概念：一个对象"O"仅当在阐释"I"时是一件艺术品。此外"I"具有把对象"O"转化成艺术品的作用：IOI ＝ W，那么这些看起来"荒诞"的当代艺术品便可以得到解释了，在经由策展布展、宣传、权威评价、观众评价、网络传播的艺术场域下，一个完整的作品形成了。

　　至此，恐怕就糟糕地诞生了丹托"艺术终结论"的观点。这一观点是基于对黑格尔对艺术未来的终结论预言"驳而再立"得来的，黑格尔认为艺术在经历了象征型、古典型和浪漫型三个阶段后走向终结，于是在艺术中无法实现的"理念"便转移到了宗教与哲学领域，丹托驳斥了他的观点，并提出了他个人的更为精致的结论，即"艺术发展的历史就是艺术不断地通过自我认识达到自我实现的历史"，而随着时代的潮涌，如今艺术的可能性都被实现了，只能靠不断的艺术活动延续生命，因此艺术走到了它的终点。

　　姑且不论丹托观点是绝对正确或错误，显而易见的是，这样的艺术场域极容易在时代潮涌的发展下，为资本所利用。资本的控制，正如同被现今人们排斥的娱乐圈"造神"现象一样，包装出一个近乎完美如神的人物，大量地吸取急于寻求"超我"部分而不得，只能将此投射到一个完全陌生却看起来极为完美的"神"身上的"粉丝"的钱财与精神能耗。资本在艺术界不断地开展着一些所谓的艺术活动，比方曾经风靡一时的"展现海岛风貌与异域风情"的部分"海岛艺术家"。尽管作为欣赏者的我们已经在尽可能地避开那些被资本包装的"虚伪艺术"，尽管作为创作者的艺术家们仍有人在坚持着自己的"真实"，但我们总归不可能避开我们共同生存的拟态环境。以草间弥生为例，她或许坚持用无数个圆点诠释世界的真实，但无论是否出于利益，是主动或非主动，高端奢侈品牌的介入，如 LV 与她的联名，同样也使"艺术"被资本利用。

　　因此，在我看来，与其说荒诞化的艺术作品是艺术审美濒临终结的表现，不如将其看作一场由市场炒作、资本包装的艺术危机。我们不妨设想，如果艺术家更为大胆肆意地输出自己的观点，加之资本的不断运作，使得作品的价值被不断边缘化，以至于被搁置在艺术活动的最底层，彼时的我们又该如何看待这些"艺术品"？恐怕远不只是荒诞与无厘头的感受，而是甚至根本无法得知艺术家观念与想法的迷惘。愈加无法触碰到的真实，或许也正是工业革命和资本发展以来现代人民所面临的精神危机在艺术上的完全折射。

指导教师：石海红

自由与法规

引　言

　　中外两位思想家的话道尽了自由的本质，一是卢梭在《社会契约论》中说的"人生而自由，却无往不在枷锁之中"，二是孔子说的"从心所欲，不逾矩"。他们都肯定了人是有自由的，但也承认人是不自由的。人的不自由，源于先天，因为人的肉身就是有缺陷的，我们不可以看到千里之外的景象，我们不能一脚跨过长江。欲求而求不到是不自由，但为所欲为也不是真正的自由。自由是遵循事理，合乎规则才能得到自由。

　　因为人的感知有限，所以人与世界隔着层层面纱，这层层面纱使人有着无限的可能性，因而人有着无限的自由。萨特认为人的自由与责任形影相随，人在追求自由时，也承担着一定的责任。

　　本章作者讨论了自由的本质，自由与责任、自由与法规之间的关系。通过阅读本章内容，我们会认识到平时所说的自由可能并不是真正的自由。

自由的界限

◎陈宜乐

人究竟是否拥有自由意志？这是哲学家们争论了几个世纪的经典问题。原先的我大抵会怀疑这个问题的存在是否有意义，因为我们普遍的经验事实告诉我们，我们觉得我们可以自由选择，我们该为我们做出的错误决策负责。

要解释清楚这个问题，我们首先要知晓其定义。自由，是自己决定自己一切活动的权利，从哲学上说，就是由自己决定行动的因果性。一个果往往由多个因决定，而自由活动应当只由自由意志决定，不存在其他的因。

于是，纵观人生，我们的每一个决定都受着普遍的限制和因果的束缚。我们受着社会法则的束缚，红灯停，绿灯行，不敢烧杀抢掠，因为一旦被关进监狱，便彻底失去了人身自由；我们受着道德的束缚，会为老爷爷、老奶奶让座，不会轻易在公共场合高声谈话，长大后坚信要孝顺父母。即便我们可以不顾法律，不顾道德层面的异样眼光，去做一个冷漠但自由的人，可是我们作为人类，一旦长时间的不进食，不喝水，就会走向死亡，我们自始至终都受着生命的束缚，似乎无论如何也逃不开自然法则的限制。

这就是拉普拉斯提出的决定论的前提：宏观世界的一切事件都是有原因的，因而人的一切行为也都是有原因的。在决定论中不存在自由意志，一切都由物理法则决定，所谓的自由意志只是由无知造成的幻觉。我们眼中看似具有偶然性的事情，其实都是早已注定的。举例来说，扔一枚硬币，在它落地之前，我们无从知晓是正面朝上，抑或是反面朝上，这应当是一个偶然事件。但是，世间万物都由物理定律决定着，如果我们知道这个硬币下落的速度，知道周围气流对它的影响等因素，那么我们在硬币被抛下的那一瞬间，就一定可以肯定地说出究竟是哪一面朝上。而人类与硬币不同的，仅仅是我们的复杂性更胜一筹，需要将更多的因素纳入考量，但是一旦有人掌握着所有的知识，他也就能够推测出人类的每一步活动，我们人类的所有行为也都是因果链条上必然的事件。如斯宾诺莎所说"一切偶然源自无知"。人类并不比硬币自由，这二者都遵循必然的因果律，自由只是错觉。

与之相反的就是萨特所持的绝对的自由观，如他所言"人是自由的，人就是自由，人注定自由"，人永远拥有着选择的权利，在不同情境下我们永远拥有另一种可能性。一个人看似在时局的压力下成了奴隶，其实是他自己选择了不反抗；小孩一个人在街上流浪，风餐露宿，其实是他自己选择了逃脱父母的掌控离家出走。正是在选择中，人类经历着自由。但是，萨特却对这一绝对的自由持着悲剧性的思索，将之视为压倒性的痛苦。因为一切因都由自己而起，所以一切果也理应由自己负责，而且我们不单单会为自己做出决定，也会为他人，甚至是全人类的命运做出决定，我们注定在自由的特性下积极主动地尝试着一切不可能实现的事情，注定在无数个选项面前做着复杂的无止境的思考，然后扛起无比沉重的责任。人类试图逃避这一可怕的现实，于是退回到决定论中界定好的牢不可破的限制，站在安全参数之后，才敢声称我们是自由的，却并非绝对的自由。这一绝对的自由让人充满了恐惧，因此我们才热切地接受着流行的局限性。

萧伯纳曾言："自由意味着责任，这就是为什么大多数人都畏惧它的缘故。"自由就代表着责任，人们视自由为枷锁。自由意志做出的决定带来的一切后果都必须由决定的发出者来承担，而这一决定的正误无从谈起也无从考究，在不同人眼里其好坏必定不同，那么这一决定带来的绝大部分也就一定是痛苦的责任，反复而又无限地做出决定，导致的就是一辈子逃不出的痛苦，你能怪罪的只有自己，因为时局没有错，是你自己判断错误，欺骗你的人没有错，是你自己没能早早发现。人类被上天赋予的悲剧命运就此上演，痛苦永远不可避免。悲观主义者叔本华认为：为了彻底逃脱苦海，我们唯一能够做的就是完全否定我们的自我意志，只要承认我们不自由，就可以逃避沉重的责任。

一方面我们视自由为痛苦的源泉，另一方面我们又把自由看作是人活一世最为珍贵的事物，认为自由比爱价值更高。

如果这个世界上真的不存在自由，那杀人犯是否可以说他犯罪的行为是上天注定的，而他作为被支配者不应该为命运买单，所以不该被处决？于是，没有人会为自己的错误而道歉，也没有人会背负起责任，我们的法律系统、道德体系都将无法维系，一切建言、激励、训诫、禁止、补偿、惩罚等都将不复存在。自由早已成为新时代下人们的信仰，是黑暗中的光芒，是荒芜空地上的钻石，我们在贫穷时苦苦索求，在富有时渴望更多，我们一路追寻着未来，但我们终将一无所有，我们拥有的只有自由。而且，决定论抹杀了我们一切努力的意义，我们挣扎在生活中试图走上一条更为幸福的人生道路，当这一切早已注定时，生活就成了一种错觉。更深刻地说，没有自由的人生，就只是一个骗局，我们跟世上一切不能思考的物体毫无区别。如若这仅存的人生意义也被打破，那么人类的思想就将堕入虚无的深渊，无路可退。

这两种说法似乎都有着不可辩驳之处，无从说起谁对谁错，我们似乎正自由地不自由着。物理规律理应不能主宰世间的一切，量子领域或许可以作为一则反例，但三维生物又是否会被更高维度的生物主宰？人类在有限的知识下，终其一生也没办法知道答案。人类做出一个决定往往有着复杂的原因，甚至有一些埋藏在潜意识之下，我们至今也没能找到任何一个决定是纯粹地由自由意志生发而来的。

这么看来，人类为视野所困，根本无法在逻辑层面，在考虑一切因素的同时得出这一问题的论断，但这一问题的答案却又至关重要。

那我们不妨回归社会生活再来看这一问题应该有怎样的答案。

首先，没有自由就没有责任，而责任的存在有其必要性。康德曾提出过一个道德概念："绝对命令。"追求的是正确行为必须产生一种无条件的责任。绝对命令是我们人类的行为法则，它让我们的意志准则必须合乎众人认可的法则，并且因此而产生道德的行动，不会给别人带来不便或矛盾。因此，我们的道德不能随条件变化而有所变化，道德的行为必须无条件支持，不道德的行为永远无条件抵制，这就是责任对于人的必要性，也就是自由之于人的必要性。再者，人类世界的运行规则基本建立在人拥有自由意志这一前提之上，决定论抹杀了人类的一切生活。因而，社会生活需要预设自由意志。但是，非决定论过于局限，并不能解释人类的一切行为，绝对自由绝对责任的理论又为人类戴上了过于沉重的枷锁，所以我们不能完全推翻决定论，我们还是要保留一切事物都是有原因的前提，在此基础上，再为人类的自由意志保留地盘。

　　法兰克福的兼容论应运而生，将决定论与自由意志二者兼容。人类在决定论中受到的终极束缚就是自然法则，也就是人的欲望。法兰克福把人的欲望分层，分为一阶欲望和二阶欲望，一阶欲望指的就是动物性的本能，而二阶欲望则是对欲望的欲望，也正是人类不同于动物的特别之处，人在遵循懒惰的本能之外会进行自我反思，采取学习、工作等措施反抗一阶欲望，体现了人类的自我意识和对本能欲望的反思。除此之外，他还强调了仅仅拥有了二阶欲望的人并不自由，但当他不屈从于一阶欲望，而按照二阶欲望去行动时，这便是自由意志的体现。伯夷、叔齐不食周粟，便是他们的二阶欲望对于生存本能的反抗，以人类的自我意识打破了自然法则的必然性，带来了人能够实现人之为人的尊严的可能性。

类似地，康德也提出了他的想法，他认为人类与其他动物不同，所以不该凭借他律，而是更应该自律行动，因为自律相比于他律更是一种有重量的责任。所谓自律，意指不受外界他人控制，自己规范与端正行为态度。反之，他律则必须有外界的干涉与控制才能控制自己的行为。这种自律对人类来说才是真正的自由，也是人类的本质，也就是自由意志的实在体现。

于是，社会中有了规则，生活中处处存在着规则。我们将拥有自由的人类必须担负的责任，分担了大部分在规则之上。自由变成了有条件的自由，是一种能做法律许可的任何事的权利，而不是无限制的自由。这一定义有别于哲学范畴，却是现实中可执行的、有意义的自由。这一做法就如穆勒所说："个人的自由，以不侵犯他人的自由为自由。"在界限之下，我们拥有自由，这是个人的自由，与之而来的就是承担错误的责任；在界限之上，我们的自由是全人类的自由，人类是一个整体，我们共同做出决定也共同承担责任，没有个体被怪罪，群体会共同寻求解决方案。

这就是社会给出的对于自由的答案，人生得以照常进行，我们的普遍认知也由此而来。

关于哲学上人是否拥有自由意志的争论，依旧没有人能给出完全正确的答案，所以人类对于自由的思索与探索将永不停止。因为即便人生注定不自由，我们也不应该那么快认输，思考或许会是一种证明，不断尝试或许会有助于我们把握人生的关键节点，或许现在的我们不仅仅影响着未来，也同样决定着过去，一切皆有可能。人类正在无知地与命运对抗，会有一代又一代人一直做下去，一直一直地戴着枷锁舞蹈，因为挣扎将赋予注定的失败以不同的意义与价值。

指导教师：王　菁

自由中的不自由

◎项煜菲

自由，中文可拆分为由于自己，即可以自我支配，凭借自身意志而行动，不受限制和阻碍。那么人类是自由的吗？这是一个古老的、存在已久的问题。我认为，人是不自由的。

自由是一种人类的感觉，是一种体验经验，我们感到自己是自由的。萨特认为，人类是"注定自由的"。我们会自主地在生活中做出选择，并为我们做出的决定负责。正是在选择中，人类经历着自由，而"从他被抛进这个世界的那一刻起，他就要为他做的每件事负责"。但所谓经历，是一种个人感觉。我认为，人是不自由的，且从诞生起便注定了不自由。

从人类人体这一物理单位看，现代生物科学已经通过基因编码告诉我们，有很多个性特征都由我们的基因所决定，人们的情感、认知能力由 DNA 所造成。五种基本取向，在一定程度上都是遗传的结果：一个人是内向还是外向？情绪是否稳定？对新经验的态度是开放还是抵制？与他人相处是否融洽？是负责任还是变化无常？再比如我们对甜、油的食物难以抵抗，这种"贪吃基因"是源于采集者祖先的饮食习惯。过了上万年，在许多人类已经衣食无忧的情况下，我们的DNA还记得那些在草原上的日子。另外，除了基因编码，人作为生物，体内的神经、激素调节等因素也会影响人的行为。所以说，生物学为人类的行为和能力设下了基本限制，给人类定出了一个基本的活动范围，让人类只能在这一个范围内决定自己的行为。

身体这一物质条件是人能自由活动的基础，个人意识在一具躯壳里产生发展，而经历自由感觉的个人意识无疑是对人对自由认识的关键。"我们每个人从生到死都被锁定在一个无从逃脱的躯体中。"生物上的局限性导致了认知上的局限性，人们只能从自己的躯体里向外窥探世界，"发现"所有事件都围绕自身发生，自己是中心，因而产生"贵族中心式"的心理，感觉自己是自由的。无论是西方的"地心说"，还是中国封建君王自称"天子"的傲慢自大，都是因为人类自诩为宇宙、世界中心。

很遗憾，作为一种高级的、有社会群体性特征的哺乳动物，自上万年起，大多数人就不得不与自己的许多同类——其他人进行沟通交流，而这给认为自己是"中心"的人们带来了困扰。从米尔顿·洛基奇在《伊普西兰蒂的三个基督》中记载的三位自称为上帝的精神病患者相遇后的反应中，可以看到有着"贵族中心式"心理的人类在遇到同类后所经历的苦恼与痛苦——随着社交沟通，人类痛苦地发现，个人并不是"中心"，所谓"中心"是因为受制于躯体而产生的错觉。我们不可能心里想什么就立刻让其他人明白，甚至让别人凭借自己的意愿行事。人类自身产生了自我中心困境，这使人类陷入了孤立与孤独中，感受到了不自由：我们不能想做什么就做什么，要考虑到他人。人与人之间的交往使人类不能随心所欲，从而导致了人的不自由。

　　人作为社会性动物，意味着他生来就处在一个社会环境中并生活于此。露丝·本尼迪克特在《文化模式》中提到："个体的生活史，首要的是，适应他的社区世代相传的模式和标准。从他出生那一刻起，他所生于其中的习俗就在塑造他的经历和行为。到他会说话时，他就是他的文化的一个小产物；到他长大能够参加文化活动时，文化的习惯就是他的习惯，文化的信仰就是他的信仰，文化中不能做的事就是他不能做的事。"我们从出生起就不受自我意识控制地生长于一个家庭、一个民族、一个国家、一种文化，这种文化潜移默化地影响着我们，在基因的基础上再次塑造个体。一个人的思想、道德底线、价值观等意识形态的建立都基于所处的文化环境，个人融入了社会环境中，就像鱼儿在水里生活一样自然。1971年斯坦福大学社会心理学家菲利普·津巴多所做的监狱实验直观地展现了人类是多么容易地顺从秩序规则，是多么容易地陷入模式角色，从中也可以推断，人文世界在塑造一个人的行为上起到了重要作用。人们可能认为自己是自由的个体，过着自己的生活，有着自己自由的思想，更有着与他人不同的价值观。但就像水里的鱼总是生活在水里，因而觉得生活在水中理所应当；人们生活在一种文化模式中，很难发现其对人们生活产生了各种影响与限制。为何孙氏女拒绝易安居士收徒的愿望，说出"才藻非女子事也"的语句，并以此为荣？这源于封建社会对女子三从四德的要求与限制。倘若生在今世，想必幼年使易安居士青眼有加的孙氏女不会决然拒绝读书这一选择。伽利略晚年被囚，不自由的根源来自当时代表文化的、受基督教神学影响的教廷的限制。由此看来，世间的人类在降生的那一刻起便被限制，开始了不自由的人生。

从目前人类所掌握的知识来看，人类生命的开始来自精子与卵子结合形成受精卵，由此发育成胎儿，再由母亲分娩，以婴儿的身份呼吸到地球的空气，再在遗传密码以及文化环境的影响下长大，最终走向死亡。自身的基因不可能自己选择，自己出生在什么样的家庭、受什么样的文化背景影响不可能自己选择，成为一个什么样的人也不是完全由自己决定。出生后，死亡就成了一定会发生的事实，不能人为改变。由此看来，人类从降生于世间的那一刻起，就注定走入了一个限制范围，所谓"自由"就发生于这个限制范围内。而人类在限制范围内的"自由"，怎能称之为自由？

再进一步说：在人类掌握的知识、认知范围外，人的命运是否被更高维世界的生物掌控着？《雷雨》的作者曹禺曾写道："我念起人类是怎样可怜的动物，带着踌躇满志的心情，仿佛自己来主宰自己的命运，而时常不能自己来主宰着。"鱼儿在湖里游，自鸣得意，认为湖就是世界，却不知"世界"外站着人，看着它们的一举一动，将它们的死活掌握在手里；那么，生活在地球上的人类，是否如同湖里的鱼儿，感觉自己在自由自在地生活，实则是被高维世界的生物冷冷地注视、观察，甚至被他们操控着？

　　抛开未知的范围，人类已经是不自由的，但这并不意味着人类就要束手就擒、自我放逐。人类生来便被戴上了脚镣，限制了活动范围，但我们仍可以戴着脚镣舞蹈，在有限的人生中尽可能活得问心无愧、有价值、有意义。人类璀璨瑰丽的文化，不正是历代祖先们戴着脚镣而舞出的绚丽篇章？不然为何在神学盛行的西方，出现了哥白尼、布鲁诺、伽利略等打破人类"地心说"的天文学家和物理学家？为何在种族歧视之下，出现了马丁·路德·金？为何在男女不平等的时代下，出现了才女易安居士，出现了大法官金斯伯格？我们既已生活在了这世间，那么与其自怨自艾，抱怨自己的不自由，并消沉度过一生，不如好好生活。尽管我们大部分人都是再平凡不过的普通人，生活也许平庸无奇，但我们仍可以尽己所能，无愧于心地生活。

　　人生来不自由，生来便戴上了枷锁，但与其颓废一生，不如戴着枷锁活出自己的意义。

指导教师：徐新新

法律的意义

◎姜　玥

　　当今法学界有一个主流思想：法律这一强制性的规范体系建立在性恶论的基础上。每一条法律都在为发生或尚未发生的恶行提供相应的惩罚措施。这意味着法律与人性永恒地处于对立面。法律既非洽于人性（符合其行为动机），也不符合人类对利益的追求。法律存在的意义被定义为对人意志和理性精神的压抑与控制。这明显有悖于法律建立之初的意愿，也忽视了在法律创制与实施过程中人所占的主导地位。因此我认为，法律的出现是人的自由理性的体现，是人类自律性的产物。

　　诚然，在法律与人性关系的探讨过程中，人性恶是不可免的命题。出于自我中心主义，人类天生就流淌着利己的血液。法家认为"舆人成舆，则欲人之富贵；匠人成棺，则欲人之夭死也"，由此可见，人与人的交往有时可以用利害关系来解释。从心理学角度上来讲，人会形成两个本能：生存本能和死亡本能。这是支配人类行为的最强大最根本的原动力。心理学研究表明，驱动人类行为的所有动机，最初都源于自己的欲望，只是人们在追求利益的方式上会有善恶之别，从而形成可以相互转化的善人与恶人。人性不可解放，一旦解放人性，则人性之恶无从制约，法律的建立本就是对恶意的警示以及对恶行的惩戒。

当个体处于孤独状态时，恶行的产生就不再具有价值。正如人性天生就存在的利己主义，如果"己"不是与群体相对，则"己"这个概念也就毫无意义，由此我们可以推断出人性的另一特性便是群体性。个体汇聚为群体，并不意味着群体可以被视为个人意志的集合（当然这绝不是好的境况，如果群体不具有思维的多元性，它将成为一个以正义为名，行暴力之实，并具有极大破坏力的整体，远比个体之恶更难束缚，造成的不良影响也更加深远）。相反，我们每个人从生至死都被锁定在一个无从逃脱的物质载体中，永远都不会知道也无法理解任何其他生物所感受到的存在是怎样的，这就进一步导致了同理心的缺失（这属于道德层面，并没有否认这一品质的存在），每个人都想维护既得利益，更有甚者，损人利己（或不利己），恶行与矛盾无可避免地爆发，这也与群体聚集的初衷——通过互相扶持使每个人获得最大利益相违背。用制度来抑恶扬善，是群体发展的必经过程，法律的雏形就此诞生——出于人群对规范的认同，它凭借约定俗成的规范约束人的利益追求方式。

最初的法律是强制性的、他律性的，它将人性定义为极恶，对其极尽压迫。压抑人性的结果只能是积累仇恨、束缚创造力。西方法律史中，在天主教"原罪说"的前提下，人们不得不运用各种理性去设计各种可行的方法和制度应对新的情况，"我们西方的经验，在忠诚上一直有着持续不断的冲突，西方社会最深的承诺源于《圣经》上的契约，它将社会结合到一起，忠于神的律法。在基督出现一千多年前——事实上，从摩西无视埃及法律带领以色列人与耶和华签订契约关系开始——人类一直都在服从神的律法还是服从人的律法的紧张关系中挣扎。对那些生活在神圣任务（神的命令）下的人来说，他们最终所忠于的一直是神；相比之下，文明社会的世俗法律制度，对他们的忠诚只有微弱的、间接的要求"。詹姆斯·克里斯蒂安在自己的哲学著作中如是写道。当法律成了"神律"，作为"至善"的上帝就成为众生皆恶的逻辑解答。可人性本身就是神性和动物性结合的矛盾体，强行剔除它属于兽性的部分，这不仅不合乎理性，显然也是不现实的。将法律强行升华为宗教或道德的结果会如胡适先生所言让社会变成"人人都是伪君子的国度"，法律也将失去其最根本的特性公正，而沦为伪君子党同伐异的工具。

我不敢断言法律的终极意义，然而我认为，法律与规则之所以存在，是因为群体里中的每个个体认同这个规则并情愿为这个规则交付一定的自由，从而换取在限制内获得最大保障的权利。如果法律只是一味地要求服从，那么最终的结果就是被淘汰——没有人知道服从的理由和这种社会秩序存在的价值。当我们径直将人之利益追求与规范意识创设为法律，使法律成为律己律他、利己利他的存在时，这一法律的形成便是以人性善为其产生效力的基础。这里的人性善并不是人性本善的观点，"善恶"只是人在不同社会属性下的体现而非定义人性的标准，美与丑向来对立而交织。"善"是人类社会与文化始终秉持的主旋律，凭借人性战胜兽性，使人从未掉进恶的深渊。法律的受众是人类，人性的存在与需求应当成为评判法律是否合理的唯一标准，由此便产生了自然法的定义：为理性所发现，直接与全人类本性相适应，并且直接来源于全人类本性的法。人的理性代替了神性，人的主体地位被承认，自然法也正是与人本性相符合的自律性规范，它给复杂的人性制定了一个基本框架，让人性成为有堤之江河。

自然法无疑是人类社会法学所想达到的理想状态，然而不公的现象从不会因法律的出现消弭殆尽，詹姆斯·克里斯蒂安在《像哲学家一样思考》中提出过这样的观点："我认为我们都有道德义务去遵守公正的法律。另一方面，我认为我们都有道德义务不去服从不公正的法律，因为不配合邪恶是公正的，就像配合善良的道德义务是公正的一样。"这一观点，直指现世中法律面临的最大难题：公正。西方法律的象征是司法女神，一手持天平，象征公平，一手持宝剑，象征正义。司法女神蒙着面纱（与其他神最大的不同），昭示任何人在女神面前，都无高低贵贱之分，绝对平等。公正是法律的绝对宗旨，可是法律作为人性的产物，即使它代表了人类自我意识的觉醒，也绝不可能做到绝对客观，而公正却是建立在绝对客观的基础之上的。

翻阅史书时我们不难发现，最初的法律《汉穆拉比法典》虽然极具当今法律的雏形，它的内容涉及当时社会生活的各个方面，但这一法典针对不同对象的处罚措施却两极分化，公平和阶级是相对的，奴隶主和农奴适用不同的社会规则（虽然他们生活在同一个社会中），以严刑峻法著称的《汉穆拉比法典》却也给了少部分人温情的宽容。一切社会规则皆是弱肉强食的产物，法律法规亦不例外，法律建立之初本就是为了维护一部分人的利益，人人平等确实存在——贵族平等于贵族，奴隶平等于奴隶。

社会规则的制定有道德、文化、传统等诸多因素影响和塑造，制定者要维护和扩大自身的利益。法律也是一种社会规则，显然不能免俗。"在任何法律体系中，都有很大可能指出里面从轻度不公正的地方到无情不人道的地方，而且这样的法律会在那些成为法律牺牲品的人中间，或是在那些看到别人伤害他们的人中间，激起一种愤怒感。"人性有服从国家与法律的认同心理。在建立国家与制定法律之前必定具备人们对规范认同的心理基础，否则，国家与法律只能是一种纯粹的观念形式。遗憾的是，三国演义中"分久必合，合久必分"的预言经久不衰，秩序一个一个被推翻，"后人哀之而不鉴之，亦使后人而复哀后人也"。执法者掌握的权力更像是一把双刃剑。依然以《汉穆拉比法典》为例，汉谟拉比自诩为正义的化身，他在结语的开头中这样写道："这就是万能的国王、汉穆拉比颁发的法典，凭借它，我就能对普天下实施英明的领导。"行为的正确与否，到底在于行为本身，还是在于行为的发出者？如果执法者的答案是后者，那么几乎可以断言这个文明终将破灭。

如何让法律达到一种绝对公平正义的形式依然是一个待解

决的命题，人类出于对善的思考、对恶的拒绝、对公正的追求、对美好生活的向往所创造出来的法律是人性善的最大成果，这一点却是毋庸置疑。一切正如伽达默尔所言，"一切实践的最终含义就是超越实践本身"，一个现代化社会主义法治国家，一定会在未来不断探索，完成对理论的回归和升华。

指导教师：凌　琦

劳动与消费

引　言

　　我们常听说"劳动最光荣""劳动才能创造财富"这样的话，劳动一直受到人们讴歌，因而，当我们极度疲劳时，也不会去质疑劳动。可尼采认为劳动控制了人，戕害了人。为了把这个问题说得明白，阿伦特把马克思所说的劳动实践分为劳动、工作与行动。劳动指劳动者不享有劳动成果，也没有自由选择劳动的权利；工作也指劳动者不享有劳动成果，但有自由选择劳动的权利；而行动指劳动者享有劳动成果，也自由选择劳动的权利。

　　有劳动就要有消费，劳动产品用来消费，但劳动产品过剩就会出台拉动消费的举措。消费是为了满足人的需求，但如果超过人的需求，就会出现虚假消

费。真正获得解放的人，进行的是休闲
消费。

　　本章作者探讨了内卷、躺平的实质
与原因，提出反内卷的举措，也讨论了
现代消费的价值与负面影响，设想了最
佳消费状态，给了我们很多启发。

理性对待内卷与反内卷

◎徐阅微

在社会竞争愈演愈烈的当下，内卷现象日益严重，一些人无奈之中开始呼喊"躺平""反内卷"！这是一件可喜的事，说明人们的自我意识在加强，开始反省到自己的某些努力是疲惫且无意义的，同时也审查起自我并看清了自己的实力和追求。当然，从某种程度上来说，这也是一件值得忧虑的事，它可能会导致一些人自我放弃、随波逐流。

"内卷"一词刚出现在互联网上并被赋予特殊意义的时候，就掀起了一阵浪潮。可见大众对"内卷"的感受之深，不乏无奈、抱怨、反对。内卷应该是任何时代皆存在的，只是在当下尤为广泛并被大家熟知。民众的知识、能力和经济水平普遍有所提升，造成竞争者数量激增，并且大多数人的水平不相上下，由此导致竞争者们不顾一切提升自己以取得有限的机会。拿学业为例，二十年前一个本科生可以称为"金凤凰"，而现如今本科生一抓一大把，考研仿佛是必经之路，学校也要按"C9""985""211"等名号划分层次。因此，这是一个充满机遇的时代，也是一个充满挑战的时代，我们无法撼动这个社会的层级意识，只要有竞争，就一定会有内卷的存在。

内卷包括人在生活、学习或社会上的打拼，这些也属于劳动的范畴，那就由劳动开始谈起。

不是谁都能天生拥有衣食无忧的生活，人需要靠劳动来生存。劳动分为能动性与受动性，简单来说能动性就是自发的，具有美感和自由的劳动；受动性则是受支配的，非出于本意的强制性劳动。显而易见，产生"内卷"的劳动多半属于受动性劳动。尼采言："当人面对劳动时——在此总是指那种从早到晚的辛劳，他感受到其实是：这样的劳动是最好的警察，以及劳动控制了每一个人，并且善于强烈地去阻碍理性、欲求、独立意识的发展。"受动性劳动是必不可缺的，大多时候是维持人生活的主要方式，也是它使社会能正常运转。而在一群人的受动性劳动下诞生的"内卷"，从某些层面上来看与马克思的异化劳动有些许相似之处。"异化是人的物质生产与精神生产及其产品变成异己力量，反过来统治人的一种社会现象。"当发生异化的时候，人的物质需求与精神需求被分裂了，人的个性不能全面发展，丧失了能动性。这本是资本主义社会中产生的一种现象，但由激烈竞争带来的身不由己的内卷，的确也如异化般受到了劳动的奴役。劳动对于人的存在是必需的，是生命存活的需要强加于人的，是人用于满足自己的生物性与自然性的需要而产生的。现代社会，看起来仿佛有劳动的解放，劳动阶级摆脱了残酷的压迫与剥削，但这只意味着劳动没有了强迫，并不意味着劳动者获得了真正的自由。相对于人为的暴力，在人性的自然性的驱使下劳动更是一种折磨。典型的正如在社会上打拼的人们，朝九晚五"996"式的"打工人"，他们劳动的目的都是谋生，不是自主的，而是出于一种必要与所迫。

在阿伦特看来，劳动"是人的活动中最缺乏自由的方面"，会抹平每个人的独特性与差异性。而相比于劳动和工作，行动是"唯一不需要以物或事为中介的，直接在人们之间进行的活动"。在行动状态中，人们超越了私人领域的束缚和局限，不受个体功利目标的影响，人作为个体是独立的、充分自由的。一个整日忙于劳动和工作而无暇去行动的人，绝不可能享有真正的自由、幸福。同时，我们所追求的个性，想要彰显的自由，需要是我们作为个体的本质内核的表达和显现。

由此引发思考，内卷中的恶性竞争是否消磨了我们的独特性？在内卷过程中，我们的目光咬着他人不放，却很少会看向自己，扪心自问这是否是值得的，是我们真正愿意做的？我们虽然被内卷的浪潮裹挟着前进，但我们也应该站住脚跟，保持清醒，不让浪潮磨灭了自我的本性。前不久看到一则统计称，2022年大批考研人，包括"985""211"的学生选择进入"双非"学校，而不像从前那样为了进入更高水平大学挤破头皮；很多毕业生在面试工作时屡遭淘汰，拿不到大厂offer后选择回乡创业；年轻人们因市区房价高得离谱选择在偏远地区买房等，这些可以说是内卷过后呈现的"反内卷"的清醒。参与在内卷中的人们并无罪，他们都有着自己的志向并为之努力，但倘若是被动地挤入这场残酷竞争中，胜算渺茫，到头来也是竹篮打水一场空，反而浪费了大把的时间和精力，精神上也会受到强烈打击。竞争是必然存在的，但每个人都应有自知之明，不好高骛远，也不趋之若鹜，做有把握的竞争。

　　"反内卷"是一种人间清醒，但这并不意味着努力都是无用的，而是提醒人应该朝着有回报的、正确的方向前进。但也有很多人，他们选择不努力，也不去充实自我，不走向公共领域，而是画地为牢，过着无所事事没有追求的生活。在竞争激烈的当下，许多人摸爬滚打了多年却仍不能出人头地，甚至难以解决温饱问题，这使得他们丧失了仅有的希望，选择与冷酷的现实妥协。社会学家默顿把这种行为叫作"社会失范"。这种状态是指社会中的个体不再以主流意识形态去实现自己的价值观，他们的生活方式、行为与主流意识形态发生了某种冲突，主流意识形态的规训对于他们无法起到作用。"社会失范"产生的原因在于一部分人发现自己无论如何怎么努力都无法达到主流价值观中的目标，极端的情况则是出现隐退主义的越轨行为。对隐退主义的解释是"指个体有意识地彻底地抛弃曾经崇尚的文化目标和制度性手段，既排斥社会目标又否定合法方法"。如今"躺平""摆烂"是耳熟能详的网络用语，多用于自嘲等玩笑式的场合中，可一旦躺平摆烂成了主导的生活方式，这类颓废的态度会使人失去上进心，放弃劳动或提升自己，试图通过精神上的、肉体上的消沉来逃避失败的现实。我们无法站在道德制高点上任意对其评判，因为不了解其背景和现状，但可以肯定的是，回避的结果是一无所获，隐退主义是危险的，不能成为一种风气。

　　我们赞同反内卷的号召，这是一种反省，一种清醒。人们意识到自己不必卷入这场无意义的斗争中，而应该去反观自己的需求和存在。过度内卷与自我放弃则是两种极端，都是不可取的。我们支持竞争，这是个人乃至社会发展的必经之路；但我们更追求理性竞争，张弛有度，合理利用时间精力，而非浪费在没有必要的内卷中。

指导教师：林启华

论 躺 平

◎张亦豪

随着我们的社会与科技越来越发展与进步，"内卷"与"躺平"两个相互对立的处事态度越来越多地展现在了年轻人身上。在这里，我们就来聊一聊"躺平"。

那么，什么是"躺平"？不同于道家主张的"无为"，"躺平"则是一种无所谓的处事态度，"躺平"的人总是一副"事不关己高高挂起"的样子，他们不奋斗也不想去奋斗。无论对方做出什么行为，"躺平"的人内心都毫无波澜，对此不会有任何反应或者反抗。"躺平"看似是妥协、放弃，但其实是"向下突破天花板"，选择用最无所作为的方式反叛裹挟。有很多年轻人把"躺平"活成了生活态度，但是，正如列夫·托尔斯泰有言，"脱离劳动就是犯罪"，维吉尔也曾说："劳动征服一切。""躺平"是非常不值得提倡的。年轻人"躺平"不仅不利于个人身心健康，更不利于整个社会的发展。

对于这种可以说是消极的态度，我本身是不赞成的。"躺平"就像是放弃了自己，放弃了对未来的追求，这是一种非常不好的心态。"躺平"不仅是自己精神上的放弃，也是对现在生活的放弃。"躺平"的人，如果心理上已经放弃了自己，那在未来的生活中又会怎样？就算自己能受得了未来的窘迫，那与他们密切相关的人呢？

于个人，随着时代的发展，我们的国家日渐强盛，教育制度也越发完善，我们唯有通过努力让自己变得更优秀、让自己有不一样的闪光点，才不会被人潮埋没。然而，那些选择"躺平"的年轻人并没有意识到这一点，他们忘了自己的梦想与初心，选择了一躺了之。

于社会，年轻人是构成当今社会的主体，他们的一举一动，时时刻刻在影响着整个社会，假如年轻人纷纷"躺平"，那会养成一个怎么样的社会风气？无所作为？游手好闲？……长此以往，后果可想而知！

鲁迅先生曾说："愿中国青年都摆脱冷气，只是向上走。"但"躺平"的生活态度只会让我们被时代洪流掩埋。我们年轻人是建设国家未来的主力军，肩负着中华民族伟大复兴的使命，那些不思进取、只想着"躺平"的人，能承担起这份责任吗？"躺平"这样的态度于人于己是不是都有点儿不负责任了呢？

那么，为什么会出现"躺平"的现象呢？其一，高度发达、快速发展的社会给我们带来了优越的物质条件。我们的亲人、朋友在我们的成长过程中给予了我们太多的帮助与支持，让我们变得近乎"养尊处优"。那些不自知的人就会因此变得依赖他人，自己则对生活中发生的事情无动于衷，也因此渐渐"躺平"。而且，"工具理性"让人们过于执着地追求效益最大化，一旦无法达到如此效果，人们的放弃心态便会出现，"躺平"也就随之而来。

其二，则是"内卷"的存在。现在的内卷已经涉及社会生活中的方方面面，孩子们上幼儿园要比谁上的是重点幼儿园，上中学要比谁进入了重点中学……因此在这样一种攀比的社会氛围之下，某些青年选择了一种"躺平"的态度。

其三，长时间的努力学习与辛苦工作，让人们在之后选择了放松、舒适的生活，但又因缺乏自制力而一发不可收，无法回到原来的紧张的生活之中，人们也因此变得"躺平"。很多刚步入社会与大学的年轻人正是如此。经过了十多年的寒窗苦读，付出了难以想象的努力，进入大学和社会之后，他们总想着好好地放松与休息一下，进而便变得"躺平"与懈怠了。

其实，周围人的行为也会对我们产生很大的影响。如果一个人一直在生活、学习等各个方面去努力提高自己，那么身边的人又怎么会不受影响？马克思曾说过，"人是社会性的动物"，周遭的人与事物一定会对我们产生一定的影响。一旦我们身边的人选择"躺平"，那么他们不愿奋斗、不愿努力的态度也必定会影响到我们。"连他都不再努力了，那我为什么还要这么努力了"，想必就是很多"躺平"人的心声吧。因此，他们就会出现懒惰的行为，然后这种懒惰的行为会让他们在生活的每一个时间段都选择"躺平"，接着他们就会觉得所有的事情都无所谓，因为别人也是这么做的。这样放松，也是无所谓的，因此也就有了"躺平"。

更要注意到的是，"躺平"的最根本的原因，其实还是源于我们自身。如果我们真的一直在努力奋斗，我们又怎么会萌发"躺平"的想法？如果我们真的在不断学习、渴望新知识，我们又怎么会停下休息？对于知识本应学无止境，停下只会使得接下来的学习变味，不复最初的渴望与心动。所以说，面对"躺平"，我们的心态、我们自身，是必须得到审视与反省的。

然而，有的人会说："我能掌握好'躺平'的度，我短暂的'躺平'也是为了接下来能很好地努力与奋斗。"对于这些人，我想说的是，如果你能把握好"躺平"的度，那很好，适度的躺平的确是放松的很好的方式，可以为接下来的努力与奋斗打下坚实的基础。

更进一步说，其实"躺平"也是为了能遇见一个更好的自己，为了能让自己更上一层楼。每个人都有自己独特的休闲方式，有的人喜欢读书，有的人喜欢唱歌，大家的想法都不一样，但是有的人他们就是喜欢"躺平"，无欲无求，将自己思绪完全放空，好似回归到孩童时期般无忧无虑。这个时候，"躺平"也无可厚非。我们必须把握好的，是"躺平"的程度，只有这样，"躺平"才会是良性的、有益于我们身心的。

"躺平"可以是一句玩笑话、一种娱乐方式、一个用来自我调侃的词语等，但它不应该成为一种生活态度。正如德谟克里特所说的："如果儿童让自己任意地不论去做什么而不去劳动，他们就既学不会文学，也学不会音乐，也学不会体育，也学不会那保证道德达到最高峰的礼仪。"因此，我们要努力摆脱"躺平"，更多地"劳动"。

那么面对"躺平"，我们又有什么应对的方法吗？其一，寻找自我定位，倾听内心真实的声音。比如如果喜欢做志愿者和义工，那么就多关注这方面的活动；喜欢经商，那么就在商场兼职中锻炼自我，为走出校门累积经验；喜欢学术，那就青灯苦读，耐得住寂寞，让自己学富五车。其二，制定职业规划，提早规划跑道。关于人生选择、职业选择，每个人都有自己的规划和方向，无论是出国，考研还是考公，都是对未来的不断尝试。更重要的是，丰富自身技能，提高个人核心竞争力。唯有如此，我们才能与"躺平"渐行渐远。

青春有青春该有的样子，年轻人必须努力，这是这个时代给我们布置下来的任务。我们实际上根本没有时间去"躺平"，时间根本不够我们去挥霍。所以说，同学们不要再玩了，抓紧学习吧，充实自己，唯有这样，自己未来的生活才更有意义。

在最后，我必须声明一下，我不是那种喜欢蹭热点的人，那么我为什么要去谈论"躺平"呢？因为我看到有些人对待"躺平"就是在发牢骚而已，而没有看到问题所在。如果你累了你可以"躺平"休息，但是你有什么资本可以一直"躺平"呢？难道你们没有父母要赡养吗？难道你们没有自己的妻儿要照顾吗？如果想和"三和大神"一样，但那是一个正常人应该有的生活吗？你们可以问一下"三和大神"，他们这样也是非常痛苦不堪的啊！他们也是被迫无奈只能这样"生存"下去，对，我认为"三和大神"不是生活，是生存，没有尊严的生存。当然这不是一种歧视，而是实实在在的真实想法，人不应该这样活在这个世界上，除非你自己放弃了自己！

指导教师：徐新新

理性看待消费与价值

◎王与同

　　一般我们提及的消费，无论是在日常生活中，还是在经济学抑或是马克思主义哲学中，几乎都是指形而下的行为，形而上的内涵在这个词的日常用法中是很少的，并且由于大众语言普遍存在滥用现象，导致词汇意义变得模糊，在这样的情况下讨论显然是很困难的，所以容我先为消费作出一个形而上的定义。

　　在英语中，"消费"（consume）一词可追溯至 14 世纪，意同挥霍；而在 16 世纪出现的"消费者"（consumer）一词，也有相似的负面意思。然而，到了 19 世纪中期，伴随"消费者"一词替代原来的个体化的"顾客"（customer），"消费者"已转化成中性词，用来指相对于"生产者"（producer）的抽象实体。可见，在一场交易中，用"消费"一词更加注重表明一方失去了什么。这就与"购买"一词产生了区别了，"购买"一词更注重获得的物品。从修辞学的角度也能得出这一结论，我们总是说"今天又在这家饭店消费了一百元"，而不习惯于说"今天又在这家饭店消费了一顿饭"。由此可以得出一个狭义且形而下的"消费"——我们花去了金钱。这种行为是不侧重获得的,哪怕我们在捐赠,我们也处在消费行为中。由此我们可以推广出一个广义而形而上的"消费"——我们做出行为的同时失去了某些属于我们的事物。

我们无时无刻不在消费,随着我们喝水吃饭,我们消费了水和食物;随着我们抽烟喝酒,我们消费了健康;随着我们身体中细胞新陈代谢的过程,我们消费了生命。消费行为的发生是无法避免的,不过我们可以规避某些特定的消费行为,这在后文会有所提及。

对于相同的消费行为,不同的人当然会产生不同的看法。让我们来设想一个情景——一个身价十个亿元的人和一个只有三百万元的人同时无家可归,现在有十万元的房子和三百万元的房子(我们假设两栋房子只有住的功能,并且都能满足人居住的需要,价格只影响空间大小,不影响住房的品质,并且更大的空间会花费更多的装修费用)。那显然,身家十个亿的人选择三百万元的房子的消费和身家三百万元的人选择三百万元的房子,这两种消费行为本身是相同的,但是对于两人的意义就大相径庭了。总结来说,消费行为是因人而异、因时而异的,消费的价值是衡量消费的唯一标准。但是关于价值的讨论是十分复杂的,甚至比讨论消费行为本身更加复杂,我们最后再去讨论有关价值的命题。在这里我们需要用一种无关价值的方式去为各种消费定性。显然,无论是价值还是消费行为本身,都受到主观意识的影响,所以从主观的角度讨论这个问题是很必要的。从主观意识的角度,我尝试将消费划分为两个维度：

第一个维度关乎主观能动性，简单地可以划分为主动消费和被动消费，但实际上从主动消费到被动消费是一个连续的过程，譬如"想要"消费在主观能动性的方面就比"需要"消费更偏向主动，而"需要"消费又比"不得不"消费更偏向主动。这样的分类可以在一定程度上分析上文提出的那个场景：对于富人来说，买大房子还是小房子都只是因为需要一个地方居住而已（在主观上，绝对的富人并不会因为想要而购置一套别墅），而穷人购置大房子和小房子的消费行为，则有"想要"和"需要"之别了。一个"富二代"就曾经在一次采访中表示自己买车比买菜还要频繁，豪车对于他或许也只是一种需要，而对于一个穷人来说，消费几百万元去买一辆豪车只怕只能是奢望；人们都惧怕消费生命，这是被动消费，但伯夷、叔齐不食周粟，对于他们来说消费生命是"需要"消费甚至"想要"消费，他们要借此坚持自己所坚信的大义。

第二个维度则源自意识了，男孩儿追求一位精致可爱、心地善良的小女生，在每一个节日都为她送上礼物，从"我们做出行为的同时失去某些属于我们的事物"这一定义上看出，这属于一种消费，而在第一维度上，这属于"想要"消费，但男孩儿并不这样认为。在没有人提醒他前，在他的认知中，或许每天给女孩儿说早安、好梦，花费几个小时等她回复，抑或是在节日给她送上一份大礼，只是他爱她的表现，并不涉及消费。于是消费又可以从意识的维度划分了，和第一维度一样，从"有意识"消费到"无意识"消费的过程也是连续的。

这两个维度互不相干，共同组成了一个坐标系。

上文提到，消费行为的发生无法避免，但是特定的消费是可以规避的，面对无穷无尽消费行为，我们必须审视自身的消费行为，避免消费带来意料之外的后果。"想要"消费显然是危险的，因为意识到的被动消费都无法避免，而想要且无意识消费则更大程度上遵循人的主观意识而非客观需要，而相较客观需要，人的主观意识往往会受到他人的引导而变得非理性。举个简单的例子，各式网站上都存在吸引人眼球的新闻标题，人们往往不注意就点进去，这就是典型的想要无意识消费，在你点入那条新闻的那一刻，你消费了时间但对此一无所知，这样的例子数不胜数。越是想要去做的事情，我们越应该审视我们是否因此失去了什么。这是一个消费行为吗？如果是，这样的消费行为理性吗？只有这样的去反复思考自身的行为，才能让每一个行为变得理性，以规避意料之外的危险。

从经济学的角度来看，根据《资本论》，生产也是消费，消费也是一种生产，正是人们不断地消费，价值才因此产生。所以商人、资本家们都极力诱导人们消费，正如上文所说，诱导人们进行想要且无意识的消费。譬如你在网上买一本书，无论你读不读，知识付费的宣传让人们只看到自己获得了什么而忽略自己失去了什么。如果仅仅是把一件精美商品的原材料、制作的过程以及成本全部列出来，之后用金钱衡量价值以交换，那商人便无利可得了。如果将物品原原本本地放出来，那么售价便很难和成本拉开距离。事实上，在每一次不被强迫消费的当下，价值是被均等交换的——譬如我们会因为一时的头脑发热而高估价值。只是在消费的一秒后，抑或几十年后，付出的价值和买入的价值才产生区别。而商人要做的仅仅是让你高估价值罢了，他们拿捏住人爱慕虚荣的心理，将符号价值与文化价值无限放大。打上诸如"纯手工""老字号"之类标签的商品价格和普通的商品不可同日而语，又像随处可见的知识付费，更是凭空捏造价值，消费者很难判断购买的知识"应该"值多少钱。品牌价值也是商品价值的一部分，背一个Gucci的包包当然比一个普通的包更有排面，尽管他们的使用价值是相同的。我必须承认，以上大部分由商人的资本一手捏造的价值本身已经产生了价值，正如一个一身名牌的人显然比一身地摊货的人看上去更使人信任（大部分人相信，一件好衣服代表对生活品质的追求，而这样的人会热爱生活，因此使人信任），也就是说，品牌价值有其实用之处。而文化价值的塑造确确实实带动了人们阅读的欲望，正如古语云——"书非借不能读也"，价值的本身又在创造价值，但是被重新创造的价值不再是具有现实意义的实体了，而是如空中楼阁，在风雨飘摇的局势下极易崩坏。但是在此基础上，我仍然认为，价值的塑造太过容易了，任意的游戏，几张好看的立绘，便可以捞上一大笔。甚至一段搞笑的视频，本来是作者无心而发，却很快地被赋予了价值，而有些价值甚至是消费者自己赋予的。我认为这样的模式是危险的。

依据上文所分析的，影响消费的关键因素是消费者对于价值的评估，消费者需要正确认识商品的价值，而商人为了谋利则需要想方设法让消费者高估商品的价值。而当我们把眼光移动到现代的消费行为上来，围绕这个博弈环节出现了许多的问题。

现代消费行为的特点主要表现在消费者的需要呈现出多样性、发展性、情感化和伸缩性。多样性是指相较从前，现在人们的职业差异很大，各个年龄段都有一定的消费能力，这些人对特定物品的价值判断会更高，根据需求去构建商品的模式更符合他们的需要；发展性指的是人们更强烈地不满足于现状，对于新鲜事物的接受能力和需求都大幅提升了，越新奇的东西往往越能大卖；情感化指的是人们对商品背后的情感需求增多了，人们会去寻求更美的东西而不是更加实用的东西；而伸缩性更多体现在非必需品上，人们会更容易说出"差不多就得了"这样的话，是对产品质量要求变低的表现。需要注意的是，这些特点是必须组合起来看待的，比如说需求的伸缩性这一点，显然现代消费者理论上会对产品有更高的质量要求，但是由于需求的情感化，人们会被产品的外观或者故事转移了视线，无意识地忽视掉质量差这个特点，但一旦有人点出了质量差这个问题，这也将会成为人们厌弃这款产品的重要原因。

其实在上文的例子中就可以看出，这些消费者的需求特点导致消费者会很容易地误判产品价值，特别是在商人的引导下。这导致整个市场上的价值评估都普遍偏高了，再加上人们的从众心理，久而久之，商品的标价超出实际价格也是必然的了。因为发达的快递系统，商家的销售范围也增大了，个体消费者的理智的作用越来越小，也就是说讨价还价的行为失去作用了，有需求的理智消费者只能咬着牙接受不符合商品价值的商品。

美学价值，特别是在符号价值上做文章更拔高了商品的价值。举个例子，同样的糖果，包装纸的美观程度在一定程度上影响了商品的价格，商家也会发现更加美观的包装纸代表着更大的利润，而这几乎不需要什么成本，于是市面上大部分的糖果都有着美观的包装纸，而认识到这一点的只想吃糖的人已经很难在路边的超市内买到没有进行过这种美学价值附加的糖果了，他只能去为额外的美学价值付款。这就如同买椟还珠的人多了，商家把盒子和珍珠一起标价，价格是原先的两倍，这是多么不合理的一件事啊，然而在现代的消费行为中却无时无刻不在发生，因为商家选择目标消费者时总是会选择相对不理性的大众，这就导致理性的人也要被迫为他们买单了。

指导教师：张培培

消费与价值

◎高甚畅

若问起"消费"为何物，第一时间浮现在脑海中的或许是这样的场景：商场琳琅满目的商品、种类多样的折扣券以及一张长长的账单。然而，事实却异于多数人的认知。其实，自呱呱坠地的那一刻起，"消费"便已注定与我们相伴一生。消费所指的不只有购买，从广义上来说，植物汲取养分是消费，乌鸦喝水是消费，连我们的呼吸也在消费着氧气。

作为社会生活中不可或缺的重要行为，消费为人们构建了联系的桥梁，在人们各式各样的需要之下，消费应运而生。在了解"消费"的意义之前，我们应首先清楚价值的含义。因为当一个事物具有被消费的能力时，事物本身便被赋予了价值。

（一）个体——价值的衡量者

事物的价值从何而来，个体因素至关重要，价值通常伴随着个体的判断而诞生，而这种判断从来不是绝对客观中肯的。

"我们每个人从生到死都被锁定在一个无从逃脱的躯体

中"，而我们身体所拥有的有限感官，便是认识客观世界的全部途径。这意味着，每个人都只能生活在两个截然不同的世界中，一个是外在的、客观的世界；另一个则是我们内在的、主观经验的世界。可是，很少有人会将这两个世界区分开来。举个例子：一场演奏会中，我们坐在观众席，理所当然地欣赏着动听的音乐，但从本质上讲，乐器的振动传往四周的空气，所有观众只是在欣赏他们耳朵里耳膜的振动罢了，显然没人愿意这么认为。由此，将我们感受到的表象与物自体混为一谈的结果便是客观世界的主体化。我们会将感官上得知的表象进行加工，从而产生判断。利用这种主观判断，眼前的客观世界就会被个体赋予价值，这时，你就会愿意买票欣赏一场音乐会，花钱买一幅油画，或是在饭店饱餐一顿，满足自己的味蕾。

有了个体的主观因素，价值的判断也就因人而异了。首先，不同群体对于价值的判断就会有很大出入：山羊赖以为生的草，对于人类来说无足轻重。同为人类，我们每个个体也会形成不同的主观判断，尼采曾于一本书中提到："大小不同的矿泉，那些没有经验的矿工仅凭流量来判断价值，而熟知矿泉效用之人，则会从它蕴含的矿物来判断价值。"进一步讲，即使同一个个体，不同情况下也会拥有不同的价值判断，举个最经典的例子：让口干舌燥的你在沙漠中选择水或者金。显然，为了生存，水在这时就贵于金。而换作平常，矿泉水就远远不如金珍贵。由此可见，依照外部环境的影响以及自身想法的改变，个体对价值的判断犹如空中风筝，每一阵风都在影响着它的浮沉高低。

了解了价值衡量的差异，还不足以解答激起我们消费热情的原因。由上文已知，我们消费的许多事物在价值上都是人为虚构的，可究竟是什么事物存在如此魅力，使我们感受到了本"不存在"的价值？

（二）价值——存于有形，亦可无形

　　试想一下，有一天，你去商场同时买了两件东西：一本书、一沓纸。书同样是纸，厚度也与那沓纸相似，可奇怪的是，书的价格高出纸好几倍，明明是相同材质的物体，价值却大相径庭。

　　从古至今，人们便一直进行着交易，从原始的以物易物、贝壳货币，逐渐演化到繁杂的金融市场、信贷期货。价值的含义渐趋复杂，在如今，知识、技能、文化等都可以隐匿在产品中，成为无形的附加值，甚至可直接被视为有价值的无形资产。在数字经济时代，无形资产的价值更加凸显。许多新兴产业如互联网、电子商务、数字娱乐等都是以无形资产为核心，使得越来越高的价值融入软件、版权、数据中。互联网中，我们也越发认同游戏账号、社交信息等虚拟财产的价值，事实证明，人们主观的观念也正在创造着价值。

　　进而言之，无形资产的价值还可以附加于人自身。随着社交圈的扩展，越来越多的人开始重视个人品牌和声誉，这些无形资产可以促使我们获取更好的工作机会、更高的社会地位、更丰富的社交网络……

　　所以，在客观世界里，一沓纸与一本书本无差别，他们只是相似的物体，可加之以人的认知，书本之所以贵于纸张，在于它字里行间所包含的知识与想法，这些看不见的无形要素为书本赋予了一种名叫"附加价值"的全新形式。

经验老成的商人早已深知附加价值的重要性，于是，他们穷尽各种"小花招"，利用各种衬托因素，抬高商品的"外在价值"。广告宣传便是如此，它能将买家带入拥有这件商品之后的幻想世界。其实，实际商品或许远不足想象中惊艳，但人们还是往往毫不犹豫地在这些"附加价值"上大肆消费，"股神"巴菲特曾言："价格是你支付的，价值是你得到的。"从这句话来看，当你支付的价格高于商品的相对价值，商家便得到了利润。那么，消费作为价值转化的媒介，从古至今是如何变化的呢？

（三）消费——我们都在为附加价值买单？

再次回望往昔，在商品成为工厂流水线上的过客之前，无论是东方的小农经济，抑或是西欧的庄园劳作，传统社会的人们仅仅将消费作为交换必要商品、满足人们日常需求的一种手段。有规模的价值交换的诞生可以追溯到很久以前，但坊市的出现却从未抬高过商品的附加价值，当时人们花在艺术品上的银两，相比用在柴米油盐上的铜板，可谓不值一提。这种消费通过等价交换平衡了人们的需求，却也仅限于此。

真正使消费走向现代的，是丝绸之路与新航路的开辟。商品初步的全球化，使得一些原来稀缺的商品经由商队之手，跋山涉水来到世界彼岸，被更多的人享用。明清时期，中国盛产的瓷器传入了欧洲，立刻便被英法的皇室奉为至珍，中国民间常用的瓷器在西欧一度成了财富与权力的象征。天价的瓷器若没有工艺的垄断以及距离的加持，便不可能有如此地位。所以，在实现商品量产以及低成本物流之前，高额附加值的产品只能被少数富人占有，这也是现代消费模式初步成型时的局限性。

在交通工具匮乏的时代，人们一天能走的最远的路也不过半个城市的距离，而海陆空运输皆发达的今天，来自世界各地工厂的商品唾手可得。消费距离的大幅增加，让整个世界成为一个大型交易所，单件产品中，来自距离和产量的大量附加价值不复存在。消费的便利化将多元的商品或服务带入了每家每户，多数人除了刚需用品外，拥有了消费产品附加值的能力，这意味着我们的需求逐渐向高层次转移。但随之而来的一种现象出人意料，相似功用的产品间，定价却趋向两极分化，这是因为，一种千百年来未曾出现的东西来到了我们身边，这便是品牌。

（四）品牌——消费观念的巨变

你可以花上万元买一个名牌挎包，也可以在路边的折扣店里买到几十元的挎包；你可以来一桌价格不菲的豪华西餐，也可以在附近的快餐店饱餐一顿。近几十年来，品牌的出现打破了千百年间的消费模式，大到居住的房屋，小到日用的桌椅，如今每一样物品几乎都存在着品牌，我们每日司空见惯的商标，在个体手工业者的时代并不存在。过去的商家提供的是满足需求的消费，而当代的公司提供了具有附加值的品牌。"我们买的不只是商品，而是生产者的价值观"，品牌带来的，是产品定位的多层次化以及消费人群的细化分类。卖家在广告中罗列自己商品的亮点，或是打造某种风格的品牌，从而引导偏好不同的消费者做出购买决策，产品附加值进而包含在了生产商对自身的品牌档次定位之中：来自苹果公司的产品享誉全球，而他们大多价格高昂，但相比部分品牌低廉的电子产品，无数粉丝却宁可为苹果手机掏空腰包。探寻他们消费背后的动机，除了一些领先的技术，更多人是看中了它的品牌与统一的产品设计。由此可见，如今消费的提供者，已然从工坊转为品牌公司，同时从单纯的用途消费过渡到了产品的品牌营销。消费者对于产品附加值的看法也随时间推移日益改变，人们的价值观对价格的影响比产品本身更为显著。

（五）广告——如何让品牌"亮起来"

从商家的角度，为了成功打造一个品牌，广告的作用难以磨灭。广告的具体出现时间并不可知，但是它的传播方式经历了巨大的变迁。商人的吆喝声算是最早的口头广告，通过这种简单的方式，他们将货物推广给沿途路人，以便尽快卖出。后来，开始出现书面广告，早在唐宋便有店铺张贴招牌的记载，纸钱流通后，部分钱庄将自己的字号印在纸上，使得推广成本大大降低。之后延及千年，直到当今，"流水线化"的模式才又一次使广告飞跃，但是这次，它的效率之高空前绝后，已然将推销渗透到了人们的日常生活中。

虽然商业广告的最初目的是推广，但品牌的发展对于其表现形式有着明显的冲击：从前的人们通过广告了解商品；而现在的人们通过广告了解品牌。产能的爆发使得商品的客观价值降低，但附加价值的显现使人们在消费商品之余对挑选品牌多了一份热情：一件产品可能有十种品牌，相比从前，我们便多了九种选择。当每家品牌费尽心机对同一种商品的广告进行创新时，广告甚至逐渐独立成为一门艺术。而社交媒体的普及使消费者能够更加轻松地对品牌进行交流评价，无形中又促进了商品的知名度。这使人们在选择消费时能对某个品牌产生一种情感共鸣和认同感。

广告虽然不属于消费的环节，但它与消费的紧密联系毋庸置疑。它将百货公司中一件件的商品以别样的方式公之于众，使消费给人带来了前所未有的吸引力。

然而，当今消费吸引力过剩的情况，往往让我们站在货架前不知所措，人们还是第一次身处如此频繁的消费诱惑之下。当网购成为家常便饭之后，我们会时常为了满减优惠、买二送一到处凑单，这时，我们看似得到了优惠，可实际上是用了更多的钱买了更多不必要的东西。千百年前，苏格拉底逛完热闹的市场之后却说"我不需要的东西原来有那么多"。身处当今的消费环境，我们更应明白，消费不是生活的目的，而是生活的手段。人的幸福不在于通过消费得到了多少财富，而是在缺少财富时及时拥有消费的能力。

指导教师：宋加群

政治与道德

引　言

　　有人群就有政治，有人群就有道德，政治与道德调节着人与人之间的关系，政治与道德使人类走向文明。有时，我们不太关注政治，但我们无时无刻不是生活在政治里，无时无刻不在遵守着道德。如果说遵守道德体现了一个人的素养，那么关注政治更体现着一个人的素养。

　　有句话说，不关心政治的人，不值得相交。政治实际上是对人与人之间关系的思考，也是对人类未来的关心。关心政治的人，也是在关心国家，关心民生，关心自己的权利，关心着人类的发展。

　　本章作者讨论了政治的实质、个体与群体之间的关系、什么是道德与善。

知识即美德，只有理解了什么是真正的善，什么是政治，才能创造价值，回报社会。

中西政治思想之辨

◎张　睿

马克思曾说："政治是阶级社会中以经济为基础的上层建筑，是经济的集中表现，是以政治权力为核心展开的各种社会活动和社会关系的总和。"

政治的形成往往与当地的地理环境、经济、生产力等息息相关。在这些因素的影响下，中西方的政治走向了不同的方向。

西方的政治思想源于古希腊，大体上分为雅典的民主政治和斯巴达的寡头政治，且后世受雅典思想影响更大。位于伯罗奔尼撒半岛南部的斯巴达的祖先先后征服了肥沃的欧罗塔斯河流域和麦西尼亚平原，重军事弱外交，为了控制大批受管辖的居民，将国家组织得像个军营，一切服从军事需要。在公元前 7 世纪前半期，莱库古立法后正式确立了它的政治体系，即严格的人种等级制度，政治权力主要集中在少数贵族奴隶主手中，两个国王相互制衡，但没有很大的权力。

而另一边的雅典则截然相反，没有肥沃的大河流域和广阔的平原，只有连绵不断的山脉，不仅限制农业生产，而且把农村地区隔成不相连的小块，在所谓"黑暗时代"后，其倚仗直通大海的便利优先发展贸易，渐渐形成了独特的民主制度。尽管同样有着坚固的人种等级制度，但是行使国家权力的方法是采用"直接民主制"，即被认定为公民的人可以通过投票制定国家权力的运行规则。雅典公民的政治与生活充分融合；而现代人多数实行的是代议制民主，不强迫人们参与公共事务而且保护人们保留私人空间不被政治打扰的自由。这两者的本质区别，用法国学者邦雅曼·贡斯当在《古代人的自由与现代人的自由》中的说法，古代人的自由——"在有共同目标的公民中间分享权力"，而现代人的自由则是对"享受有保障的私人快乐"的保障。雅典领导人伯里克利在其演说中揭示了这一点："我们的政治制度之所以被称为民主政治，是因为政权是在全体公民手中，而不是在少数人手中。"

在这样的背景下，诞生了苏格拉底师徒三人。苏格拉底赞成伯里克利宣称的民主政治，但讽刺的是他就死于这种政治手下。而他的弟子柏拉图因他的死，加之其平生的经历，对这个政体感到绝望，写下了《理想国》这一巨著，在里面提出了他的理想的政治：贤人政治，即把国家分为三个尊卑有别的阶级，让最贤能的哲学王来统治，他凌驾于一切之上，以宪法辅助，取消私有制，实行共产共妻共子。

在当时的生产力情况下，这自然是不切实际的，在柏拉图的晚年，他也只好无奈地承认他的主张中的不合理性，但他也提出了同一阶级中男女平等以及优生优育的主张，对后世西方的政策产生了一定影响。

柏拉图的弟子亚里士多德提出"人是天生的政治动物"，认为由中间阶层统治的立宪制是最稳定与长久的，提出了国家"自然生成论"，认为家庭是国家的根基，而国家是人们追求更好生活的产物，所以国家也要保障人民幸福，这一观点产生了极其深远的影响，极大程度上为后世西方民主的发展提供理论基础，他也提出了最早的"三权分立"与计划生育学说。

二者相比，柏拉图是独裁的支持者，而亚里士多德则是民主的支持者，但是二者都没将奴隶这一群体算入公民的范畴内，这也体现了他们作为奴隶主阶级的历史局限性。

而后罗马时期，出现了两位政治哲学的大家：波利比与西塞罗，他们的学说大体建立在亚里士多德的基础之上，但他们继承了古希腊斯多葛学派的思想，发展了"自然法"理论，即事物有其必然的发展性，人们只能接受命运的安排。他们开创性地将自然规律与法律、政治联系在一起，在此基础上，法律与君主的权威性再一次增强。

到了中世纪，西方的政治跨入了一个新的阶段：神学政治。奥古斯丁从新柏拉图主义出发，论证了上帝存在的必然性，又从《圣经》出发，以亚当、夏娃偷吃禁果被赶出伊甸园论证人性本恶，人皆有原罪，提出了"原罪论"，而又从其推出人们要靠信仰摆脱原罪，获取上帝恩典的"恩典说"，提出人们要诚心诚意鄙视自己，信仰上帝，贴合了封建阶级的统治必要，带有强大的麻痹性与欺骗性。而后的阿奎那则朝理性的方向论证神学，最终提出"哲学是神学的婢女"。奥古斯丁的"教父政治"和阿奎那的"经院政治"共同束缚了西方一千多年的政治发展。

等到了文艺复兴前后，西方人又追溯回古希腊，并将古希腊思想整合深化。马基雅弗利将政治与道德分离开来，提出开创性的"政治无道德论"，从而使政治学从此从伦理学的一部分中脱离出来，真正成为一个独立学科。而洛克在《论奴隶制与天赋自由》一书中说："一切政府都是绝对的君主制，它所能依据的理由是：没有人是生而自由的。"他提出：人类进入契约社会，必然把一部分权利交给政府，但人的三个基本权利不能交，即生命、财产、自由；政府存在的目的，是为了公共福祉；公共福祉就是要保障公民的生命、财产和自由，政府不得以任何名义侵犯；自由是在法律之内的自由。

他的著作影响了伏尔泰和卢梭。伏尔泰主张开明的君主政治，卢梭对此不屑一顾，认为"人类的不平等是人类自身在社会化进程中造成的；私有制是人类文明的基础，但私有制也是造成人类不平等的起源和基础；暴君依仗暴力蹂躏法律，人民就有权用暴力推翻他"。而两人之外的孟德斯鸠继承了亚里士多德的思想，完善了"三权分立"学说，也就是后来美国政体的基础。最终他们以及许许多多的思想家们的思想汇聚在一起，形成了当代西方政治的"个人资产神圣不可剥夺""全民公投""法律至上"等制度。

而在另一头，遥远的中国走上了完全不同的道路。尽管根据马克思的理论，中国古典社会是封建社会，但此封建非彼封建，与西方的封建社会完全不一样。在中国或许称之为中央集权制度会更加合理，早从西周破灭后，中国的土地分封便成了一个时有时无的政治制度，大多时候皇帝并不允许有人拥有封地。而也正是在西周破灭之后中国的政治思想发生了巨大的转变。在百家争鸣的时代，儒家、法家、道家、农家等学派并喷式涌出，在种种变故下，最终确立了儒家作为中国政治体系的干流的强大地位。儒家的思想中主要有这么几点：大一统，继承并发扬了"普天之下，莫非王土；率土之滨，莫非王臣"的思想；民本思想，"民为贵，社稷次之，君为轻"；德治，以亲情远近所构成的差序格局。

而这种思想最终占了上流离不开中国传统社会的政治制度，这一政治制度是以小农经济为基础，以宗法血缘为纽带建立的，也离不开统治者的需要和秦始皇统一六国造成的历史影响，更离不开士大夫阶层对于民间的影响，民间众多的儒家文人学者引导了几千年来人们的价值取向。

萨孟武在其《水浒传与中国社会》一书中将中国传统政治划分为三种基本形态："兄弟政治""舅爷政治""马弁政治"。这也正是中国古典思想中"人情"二字产生的影响：皇帝与其家人有情，故施行分封等政策，如西周初年周天子大封同姓诸侯"其兄弟之国者十有五人，姬姓之国者四十人"；皇帝与其内亲外戚有情，故死前托孤，请其摄政，抑或是他们仗太后等人之势参与政治，如东汉阎显兄弟凭借阎皇后之力，趁小皇帝不识世事之际，"为卿校，典禁兵"；皇帝与其朝夕相处的宦官有情，抑或是联手抗衡"舅爷"们，导致了东汉桓、灵之际政治的腐朽黑暗，明代王振、刘瑾、魏忠贤之流专权所造成的恶劣后果。可最终会有一位"圣君"，严格恪守儒家思想，在流血中"履至尊"，带领人们镇压兄弟叛乱、讨平外戚、抄家宦官，带领人们从"求做奴隶而不得"的"乱世"，进入"感恩戴德做奴隶"的"治世"，政治又进入下一个循环。

中国历史上更迭了这么多的王朝，但终究没有逃出过这个循环。统治者们将儒家作为自己的工具，砍掉其中叛逆的思想，截取其中"君君臣臣父父子子"的思想，将其传播，在一代代人的口口传述中对天下人的世界观、人生观和价值观造成了影响。士大夫们认为为皇上效力便是一切，百姓认为当官就高尚，读书最上流，将其他职业分出三六九等，歧视商人等职业。而当到了起义中，农民当上了皇上，但此时的农民仍然秉持着社会的价值观，多数人就忘了自己原来来自农民，所有的起义者最终都会成为他所起义的这个政治结构的一部分，他们的革命最后反而成了对政治结构的维护。

这也正是法国大革命等的与众不同之处，它们打破了这个循环，并在此之上建立了自己的政治结构，提出了自己的纲领，而不只是单纯地对过去政治的引用与抄袭。

当然，世界是多极发展的，政治自然也不是单纯的西方、中方两条线。在发展中，日本经过"脱亚入欧"的明治维新后，成了一个"肉夹馍"式的结构，西方政体的皮，东亚思想的馅；苏联从"马克思主义"中脱胎，在"布尔什维克"中化茧，在"斯大林模式"中成蝶，也在"重工轻农"中发生了意识形态的冲突而灭亡；孙中山汲取了美国的"三权分立"，创立了自己的"五权分立"制度，但最终没有给出确切的解释、严格的纲领，无法实施。政治的完善需要漫长的过程。

而这个过程是什么呢？革命。革命是实打实的破旧立新，这个过程不仅仅是现实意义上的，同时也是精神意义上的。革命首先来自人们的生活中对于政治的不满，无论人们自身有没有意识到，当不满积攒到一定程度时人们便聚集起来，产生新思想，并以其为纲领发动起义。根据其纲领的不同，这种革命的形式也就随之而不同，如卡斯特罗与切格瓦拉是武装起义，而甘地则更多的是一种精神上的起义，企图用罢工的方式维护权益，但这些行为都有一个共同点，即革命是要流血的，每一个新的政体的上台，背后都是不胜枚举的牺牲。

在革命的力量下，法国大革命碾碎了波旁王朝的君主统治，辛亥革命打破了古老的中央集权，古巴革命湮灭了恐怖的独裁统治。在我看来，革命的成功取决于正确的路线、坚强的革命军队以及政治斗争和武装斗争的统一，而以上又取决于时代、人民和领袖三者的统一。时代、人民和领袖是互相成就、缺一不可的，三者的统一共同推动了政治形态的发展。正是由于三者的统一，卡斯特罗振臂一呼，在染满鲜血的加勒比海岛上，以弱小的实力，反抗了强大的独裁政府和美国政府，并成功夺取了政权；正是因为开了历史的倒车，走向了人民的对立面，袁世凯的复辟美梦最终化为动乱年代的一场泡影；也正是因为没有洞彻历史发展方向和人民的需要，蒋介石向张学良下达了"不抵抗"的命令，失去了最广大群众的信任，最终输给了中国共产党。

从刀耕火种到现代文明，人类经历了漫长的发展历程，在生活发展的需要中产生了政治，又是在生活发展的需要中产生了集权与分权的对抗，民主与专制的对抗，但无论何时，政治都是人们意识形态的一种反映，同时也反作用于人们的生活。对于它，我们应该保持自信，博百家之长、弃百家之糟粕，在开放中不断发展。

指导教师：徐新新

论梭罗的道德观启示

◎叶雨辰

1845 年的 3 月，梭罗带着一把斧头，只身一人，来到无人居住的瓦尔登湖边的山林中，进行了一场生活实验。他在瓦尔登湖畔建造了一个小木屋，在小木屋中住了两年零两个月又两天。

后来的他回到了浮躁而又现实的社会，写下了著名的《瓦尔登湖》。

梭罗笔下的瓦尔登湖，是一个会让读者不自觉感到寂寞孤独，但又会享受沉浸于其中的胜地。在那里，他活得恬静、美好并且安然。而在这看似美好的"瓦尔登湖"的背后，却又是他眼中的动荡浮躁的社会。

他说："我虽不富甲天下，却拥有无数个艳阳天和夏日。"书中的这句话，似乎在怀念那些美好的幽居生活，又似乎在唤醒那些沉溺于世俗的人们。

梭罗所生活的时代，美国正在稳定而又迅速发展。这个极其年轻的国家，从政治到经济的各个方面都在发生着巨大的变化，宛如一位意气风发的少年。它一边继续向西部扩张其领土，同时又一边快速开展工业革命。通过重复一些单一的工业化劳动模式，使得经济和工业水平得到快速发展。随着美国金融资本的迅速积累，疆域的扩大以及革命的深入，美国人的民族自信心大增。

正因为社会的快速发展，加快了城市化的进程，进而越来越多的人从农村田野中走出，来到了城市。在这片诗意的土地上，一座座厂房与高楼大厦拔地而起，越来越多的美国人沉溺于工业化美梦之中，城市的居民越来越多，经济得到了迅速的发展。

而这样年轻的国家，免不了受到了原有欧洲的思想枷锁的限制，存在精神世界发展不完全的弊病。当物质需求逐渐得到了满足的同时，精神生活却越来越贫乏。美国人精神世界空虚，社会物欲横流，呈现病态社会。这是一件多么可怕而又无奈的事情。

正是因为不断加快的城市化进程，城市居民与乡村民众同时丧失了共同的价值观，也失去了自我价值追求，寻不见自己的精神家园了。在那个时代，社会中对世俗物质的追捧越发严重，人们在过分追求物质生活的时候丧失了自己的本性以及自我的道德方向。

在梭罗看来，19世纪的生活是"不安的、神经质的、忙乱的、琐细的"。这四个形容词无一不体现了社会的"动荡"。这样的生活最后将会导致一个人成为物质的奴隶，被欲望羁绊住脚步，最后只能走向痛苦与孤独之中。就像"进步是人与自然的背离"，在发展的同时，许多人选择与社会和自然疏离。整个时代处于这样的伦理环境之中，既无生态观，也无道德观。在这样的背景下，从中西哲学中得到了灵感和来源，一种新的超验观哲学在美国诞生了，其目的在于唤醒"沉睡于物质美梦"的美国人对精神生活的追求，进而逐渐建构起一种新的符合时代的国家背景的观念。

道德观的建立是前提，也是必然。道德观建构的是自我的精神世界，进而避免自我精神活动的失衡、精神世界的空洞。假如道德观建立失败，其结果将是自我的失调，自我的难以认识和掌控，人与他人和人与社会之间关系纽带的破坏。所以只有发展道德观，完成自我精神世界的重建，当时美国民众所面对的种种伦理困境才可以找到求解之道。

梭罗追求顺从自然的质朴生活，而他的思想和行为在当时的美国社会掀起了巨澜。在一个美国经济高速发展的阶段，毕业于名校的梭罗，却并没有顺应大众，加入主流的生活方式，而是选择隐居于大自然中。在瓦尔登湖隐居时，他提倡与自然合一，与大自然和谐共处。这是符合道义也是顺应道的行为。在瓦尔登湖畔盖房子时，老鼠在他的地板下安家，知更鸟在他屋旁的松树上搭起巢穴；他看蚂蚁的斗争，也观察野鸭的行动。梭罗通过与自然的交流，克服了社会带来的种种诱惑。他认为，这样的生活方式是顺其自然的，也只有内心宁静、精神世界充裕之人，才能达到这样满足的状态。只有向内心去寻求精神的意义，拒绝做物质的奴隶，通过回归简单、淳朴、平淡的生活方式，才能让我们心灵纯净，获得精神上的巨大财富。在面对纷繁的社会时，多听听自己的声音，向自己求索，才更实际，也更加诚恳。

梭罗在构建道德观时，深受中国传统伦理思想的影响。

中国道家思想和儒家思想对梭罗都有影响。而这两者也有着对于个人的道德培养的相近之处，二者都主张提升个人修养。而儒家思想的主旨是仁义，舍生取义；道家思想的主旨是自然和谐，道法自然，以无为治国。梭罗在其作品《瓦尔登湖》中就引用了不少儒家学说中的思想，而透露出来的清静无为、友善平等的思想和特立独行、简单朴素、超然隐退、投身自然的行为又更具道家风范。道家代表人物老子和梭罗的相似之处在于，虽然他们都过着近乎隐退的生活，其实心里关心的还是社会。他们都是基于自然本性之上，通过加强自我的修身养性，进而保持心灵纯净，从而构建"道德观"。也就是说，通过自我的选择和主观上的判断，来建立真正的"道德观"。人都是社会性的动物，是构成社会的基本单元。所以一个社会道德观的建立，必然从个体中走来。个人具有主观能动性，可以在物质和思想方面作为主体，道德的完善来自道德的自我选择，更重要的是将"道德观"建立后，将其落实到自己的行动上。梭罗对道德观的探索以及对道德观思想的提出，在那个时代自然具有重要的意义，同时也是一个重要的发展。然而，随着生活阅历的增长，尤其是伴随着工业文明发展而出现的种种社会问题，梭罗日益感到只建立了道德观是不够的。除了建立道德观，生态自然观也是必需的。只有在建立了一个全新的生态观之后，社会的种种弊病才有可能得到缓解。

长期以来，西方的人们总是把人与自然分离，他们将人作为独立个体从而脱离于自然而存在。实际上，人与自然是共生的。在东方哲学里，一直有观点认为人与自然是一体的，人总是作为自然整体的一部分而存在，"天人合一"的思想，贯穿了东方哲学的进程。梭罗在对东方哲学进行学习后，受东方"天人合一"思想的启发，从而认识到自我中的"我"不仅仅指个体的人，也不仅仅指整个人类，其实也包括了人类所面对的整个大自然。人与自然和谐共生，一体的观点由此形成。随即，为了唤醒民族，挽救病态的社会，梭罗从"道德观"中发展出了一个分支，即"生态观"。

他认为道德观是人们处理人和自己、和他人、和社会诸多关系的道德智慧、伦理精神的总和，而生态观所构建的则是人与自然的共同体。从自我到道德，再到生态，实现自我价值观就是不断打破自己和外物之间的壁垒，逐步缩减所有人和他物之间的疏离的过程。回归到原始，自我处于社会之中，道德观生成；自我处于自然之中，生态观生成。

放眼当今世界，竟油然而生一种希望效仿梭罗幽居瓦尔登湖、隐居在山林之中的冲动。诚然，当今世界动荡不安，局部战争频发，天灾人祸一同发生。有的时候逃离尘世的烦恼，像陶渊明一样做个隐士也未尝不可。

梭罗在早期，通过"道德观"的建立进而解决了19世纪美国所产生的社会问题，其思想也达到了相当的高度。在后续接踵而至的生态危机中，他同样使用了他的"生态观"做出解答，最后形成了一个较为完整的生态道德理念。梭罗的生态观，其实是对中西伦理思想的融合与超越，并结合了爱默生影响下的超验主义，是对人们道德秩序败坏，内心空虚的解答。从道德观到生态观，是梭罗在美国 19 世纪工业发展背景下，为人类的困境所提供的重要思想。

而同样，我们也可以从中得出借鉴意义，对于现代的我们而言，梭罗的生态道德观依旧十分重要。近年来，生态环境问题日趋严峻。无论是全球变暖、极端天气的增加，还是物种灭种、生物多样性减少，抑或是不合理开发自然资源所造成的生态破坏……这些都是人类生存家园恶化的警告和信号。人类自然不能坐以待毙，为此我们必须采取行动、作出改变。结合中国古代"天人合一"的思想，我们会发现，人类只有尊重自然、顺应自然，才能承担起对自然的责任，只有保护了自然，才能保护人类，才能建立人与自然的生命共同体。

当下，信息技术发展迅速，社会日新月异，生活节奏加快。在这样的环境下，我们很容易产生浮躁的情绪。尤其是在疫情的影响下，很多人的生活步调被打乱，焦躁的情绪进一步放大。疫情之后，我们越发向往和渴望旅行，渴望亲近大自然，但当前流行的旅行方式却无法带来精神世界的满足，旅行景区的商业化运作使得很多风景不再具有其原本的美，反而充满了商业和金钱的味道。甚至，我们总想着说我的人生可以换一个不同的生活方式，可惜的是新的轨迹在这样的社会环境下难以找到，大多还是在"探索的宇宙中漂浮"。经过挣扎过后，却又一次陷入看似平和实则毫无追求的"摆烂"生活。

而在书中，梭罗所传达给我们的更多的是一种"随遇而安"的态度，坚信"船到桥头自然直"的安身与安心的态度。

这种态度不仅仅是向往自然，在自然中获得救赎，更多的是精神中的富足。这不是一种故步自封，而是说在瓦尔登湖的生活是一个转折点，是一篇生命中的"诗章"。

指导教师：林启华

谈谈价值观

◎徐志浩

对于同一件事物，人们有时会持有不同的观点，正所谓"一千个读者眼中就有一千个哈姆雷特"。外界的信息进入我们脑中，就好像氨基酸在核糖体上经翻译形成蛋白质一样，一定有什么东西控制着它形成想法。那么，是什么决定了我们对于事物的看法，又或者说，是什么决定了从我们内心深处浮起的价值观呢？

价值观是一个人对周边事物的总评价和总看法。一方面表现为价值取向、价值追求；另一方面表现为价值尺度和准则。对诸事物的看法和评价在心目中的主次、轻重的排列次序，构成了价值观体系。价值观和价值观体系是决定人的行为的心理基础。

首先要明确的是，所谓价值观，都不是世界中的客观存在，而是人脑对于观念的物化，是体验。从自然界来看，物质和人类的行为，并无有价和无价之分，之所以会产生价值，是因为有评估者。于是便对不同事物的观念进行分类，并产生了被认为是物质与生俱来的"价值"。

一个人的价值观，在他的个人经历中形成。孩童时期的思想往往过分地依赖于情感而生，因此儿童对于事物的看法充满了不确定性，亲人、老师等与其较为亲近者的引导在此时非常重要。青少年时期的人更多地接触社会，此时社会环境、文化等因素开始显著作用于个人的价值观，人们开始走出自己的小圈子，各类媒体、名人言行像潮水一样涌入个人的视野……

个人的价值观一旦确立，便具有相对稳定性。当然，它仍然具有一定的可塑性，一些巨大的变动甚至可以重塑一个人的价值观。

在普遍价值观中有两类对立冲突的价值观值得注意。

一是利与义。面对物质和意识何者为世界本源的问题时，有许多人斩钉截铁地站在了天平的某一端。但是当面对利与义的抉择时，他们却变得不再那么决绝，这或许是鱼与熊掌的问题。

斯坦门茨原是德国的一位工程技术人员，在美国幸运地得到一家小工厂老板的青睐。他十分感谢老板，刻苦钻研，帮小工厂接到了很多订单。福特先生得知后，对斯坦门茨十分欣赏，痛快地给了一万美元的酬金，然后又亲自邀请斯坦门茨加盟福特公司。但斯坦门茨却说他不能离开那家小工厂，因为那家小工厂的老板在他最困难的时候帮助了他，现在一旦他离开了，那家小工厂就要倒闭。福特先生先是觉得遗憾，继而感慨。后来福特收购了那家小公司，面对人们的疑惑，他解释道："因为那里有斯坦门茨那样懂得感恩和有责任感的人！"

清朝权臣和珅贪得无厌。政令传宣多由其手书口传,各省奏折皆用副折送其先阅,各地进贡珍品也多入其家。他广收贿赂,致国库空虚,吏治败坏。民间有"和珅跌倒,嘉庆吃饱"的谚语。

"君子爱财,取之有道""君子喻于义,小人喻于利",舍义求利,终失人心,故称小人。

二是自我与全局。人们的自我中心困境,总是逼迫他们将自己的利益放在首位,然而总有那么些人,以群体利益为贵,甚至不惜牺牲自己的利益。

詹天佑怀揣一腔爱国热情修筑京张铁路。出于这种无私的精神,他走遍了北京和张家口之间的沟沟坎坎,只用了不到四年时间就修成了京张铁路,而外国人计划用七年时间来修筑这条铁路,来访的外国专家都惊呆了。当时,一所美国大学为了表彰詹天佑的成就,授予他工程学博士学位,并邀请他参加颁奖仪式。然而,詹天佑因肩负着另一项铁路设计任务,所以毅然拒绝了邀请。他不求名利,为国家服务的精神赢得了国内外的赞誉。

冷战结束以来,美国霸权越发嚣张,践踏联合国的权威,干涉他国内政,把国内法凌驾于国际法之上,日益成为现有国际规则和秩序的破坏者。自20世纪90年代以来,美国不断发动战争,过度使用武力分裂其他国家。近年来,美国所说的秩序治理只是纸上谈兵,实际上却实行霸权主义和单边主义,先后退出了一系列国际条约。这些事实表明,美国政客所谓的规则并非国际公认的联合国宪章原则和国际法基本准则,而是建立在"美国优先"的极端利己主义理论之上。他们要求的秩序只不过是一种"以美国为中心的秩序",以保持其作为"世界领袖"的地位。

整体而言,价值观还具有以下四个特征:

1. 普适性与特殊性:每个人都具备对于正义、善良等人性特点的认知,它们在性质上完全相同,被称为普适性价值观。而人们对于身边特定客观事物做出的评价、选择则不一定存在于每个人心中,这样的价值观被称为特定性价值观。

2. 适应性:社会或群体的价值观念一方面因环境而变化。物质条件的富足与否决定了人们是否有足够的能力去重视道德人伦建设,生产关系和生活方式决定了人们处理问题的方法。另一方面,人员更替也是一大因素。群体基本价值观和社会准则就是建立在大部分个体价值观交集之上的。同样地,社会或群体的价值观念也会影响个人的价值观念。

3. 导向性:价值观直接决定一个人看待事物的基础,从而衍生出观点,进而决定人的言谈举止,影响了人的理想、信念、生活目标和追求方向等。

4. 相对稳定性:人们的价值观往往是在年轻时形成的,价值观形成后便不易改变。即使发生了变化,年轻时形成的价值观仍会作为一种底层逻辑间接地对人产生导向作用。

由于地理条件与生产生活方式上的不同,东西方产生了不同的文化与价值观。自新航路开辟以来,西方人勇于探索世界,将世界的思想与之交融,形成了更为广阔的世界观,在一定程度上走出了自我中心困境。而东方的相对闭塞使得其价值文化相对固定单纯，甚至沉浸于"天朝上国"的自我中心困境中无法自拔。近代开埠以来，部分沿海城市发生了沧桑巨变，形成了包容合作的开明价值观。值得指出的是，由于新航路开辟与利益驱动密不可分，故早期西方人探索世界以殖民扩张为主，此举确实增长了视野，但也形成了不平等的价值观。

中国源远流长的历史文明和小农经济形成了充满了人情味的乡土社会，因而我们讲究伦理、道德、面子等。西方在工业革命带动下高度追求效益，讲求功利和实效。正因如此，中国的价值观更偏向精神层面，而西方的价值观更偏向物质利益。"礼义"一直是中国古代社会的主要道德要素，人们提倡牺牲小我利益以换取群体利益，将"重义轻利"作为高风亮节的表现。西方文艺复兴所提倡的人文主义虽然也支持以人为本，但是主要以个人为着眼点。值得指出的是，在当今日益现代化的中国，商品经济的发展使得中国社会部分与西方现代社会趋同。横流的物欲是否改变了我们以精神建设为主的价值观？是否淡化了中国人心中的集体意识？都是值得关注的问题。它也从侧面反映出，在不同文化基础上，相同的生活方式能够产生相似的价值观。

人们对于这个世界作出的价值判断建立在自我的价值判断基础上。"人们会从一直被喜欢、被需要、被认可中发展出喜欢、需要、认可和成功。一个人知道他是这样的，不是通过被告知，而是通过亲身体验。"人们价值判断的不同正是来源于个体间生来的不同。

在极端情况下，个人的价值观会进行重塑。本文讨论的价值观重塑，仅限于普适性价值观的重塑，不包括特定性价值观的重塑。特定性价值观的改变不归为重塑。这样的极端情况往往是当事人处于极度的愤怒或是震惊之中。周处除了两害后，方知乡邻为他的死欢呼，明白乡邻对自己痛之入骨，因而改过自新，从穷凶极恶的村霸变为了赤胆忠心的武臣。

价值观重塑的内驱力来自两种不同价值观对比后的价值选择，一般很少见到两次重塑发生在同一个体之上，因为对于一个特定个体来说，这样的价值选择是固定的。价值选择建立在个体的体验之上，持有不同的价值观，便会有不同的行为方式，也就会收到他人不同的态度，一般来说，人们总是愿意接受友善的态度，而友善的态度必然要求个体施以善行，这代表着善良的普适性价值观将会是大部分人的价值选择。因此，笔者认为孟子所说的"性善论"并不是人的本源造成的，而是在价值观的碰撞中形成的。

在人类的社交当中，对于个体来说，互动包括事件和自我的响应。那么，有一个古老的问题：个人的响应与他人的行为如何对应？对于他人的恶行，有以德报怨一说，孔子则持反对意见，认为"以直报怨"才是妥当的处理方式。如果按照向善的价值观来说，一个向善的人或许真的会"以德报怨"，或是不作回应；但是大多数世人都选择了孔子的做法，甚至出现了残害谋杀之意，这难道是因为他们的价值观都是向恶的吗，还是说在那个时候他们的价值观消失了？并不是。价值观决定的是人的底层逻辑，而不是实时改变人思想的终生观念。人们的即时想法在价值观的基础上生成，但又不一定与价值观完全相符。于是，即时想法与价值观共存于人脑中，共同决定人的响应。

指导教师：沈冬芳

在群体中，独立自我何以可能

◎陈文张

俗话说，物以类聚，人以群分。个体和群体之间的关系，即群己关系，是一个被广泛讨论的悠久话题。

慎独是儒家的一种道德修养方法，指的是人在闲居独处无人监督之时，更须谨慎从事，自觉遵守各种道德准则。

然而如今年轻人学会了慢慢躺平，"自律""慎独"之类的词反倒显得有些格格不入了。

很多情况下，我们不再试图成为广告橱窗里"白瘦美"模板的样子，不再热衷于背单词，或者在乘坐地铁的间隙听外文广播、看几眼"有用"的书。我们也很难为一些看似从容、高效的生活方式心动，比如早晨七点起床，运动半小时后享用早餐，打扮好后再出门上班。

与其说自律只是"健康"的代名词，不如说它也是"脆弱"的标志——它并非指向某种情绪，而是强调接纳自己的不完美。通过平衡内在冲动与外在诱惑，自律反而建立了一种个人生活的准则：不被外部力量带来的恐惧压倒，也不在无边际的欲望中迷失。与之共生的另一面便是对个体性存在（主要指脱离群体生活的聆听自我的状态）的焦虑和警惕。这种焦虑和警惕有一个专门的表述也是"慎独"。对个体独处闲居时的道德意识和道德行为保持戒慎恐惧，因为在这种状态中，脱离群体独处之人必然会自我放纵，难以保持其道德性，很可能无法控制其私欲，从而陷于罪恶之中。

所以，群体生活所具有的内在规范性力量能够让人更易过上自律之生活，是道德行为的制度化保障。赋予群体性生活以积极的正面的意义，个体在群体生活中能自然生发出道德意识和道德行为。

然而，这些群体生活给我们带来的一些规范，它的盛行与重塑效应以及随之而生的焦虑、精神压力，反倒成为一种束缚，使我们缺少聆听自己的机会，而被社会潮流裹挟，无法自拔，在群体的笼罩中徘徊不前。

我们生活在一个"加速"的社会中，需要面对诸多不确定性。而真正的自律，不是一种对道德意识与行为沉沦的恐惧，而是能够在充满变化与不确定性的世界中，给予我们勇气，也能通过更为主动的方式，帮助我们直面自己的脆弱。

而这种由自身而发的自律正是我们在当下充满风险、竞争，个人命运难以预料的现状中，能够寻得的一种出路。精神分析学者迈克尔·艾根就已经指出，这个时代的意识形态已经从自律和掌控，转向了自发性和冲动。在这种情况下，个体最大的安全感来源或许是自律，尽管外部环境无法定夺，但我们尚有锚定自身生活的权利。

虽然客观现实或许是，我们被"996"或是照料家庭挤压到个人时间所剩无几，又被户口、住房、养老占去了大部分金钱，但自律仍然是值得我们尝试的生活方式。

人本主义哲学家弗洛姆认为发展的潜能的实现就是人生存在的价值与意义所在，人类要肯定的是人自身的价值，而不是某一个群体。

因而我们不必卑屈地去追求某些所谓的法则、群体共识，而是要意识到，每个人的生活情境也各有其特点，每个人的潜能都各有其特点，潜能的实现意味着有不同的生理、心理特点的个体充分地发展他自己，使他自己成为一个独特的，与他人有着种种区别的人。

我们是在通过自己的理性给自己规定责任，而这正是一种人的自由意志与尊严。自律也就不再是被包装好的光鲜亮丽的模板，也不是群体被动强加在我们身上的要求与规训，要从成为我们的自身出发，做出真正关爱自我的主动选择。

这也符合道家对个体的关注，道家强调"贵己""为我"，他们更关注个体的生命。"逍遥"主要是一种生命的精神境界，其特点是摆脱了各种外在的束缚，使个体的个性得到自由的伸张，使个体的生命得以实现。

此外庄子在《逍遥游》中曾提出："至人无己，神人无功，圣人无名。""无己"就是超越自我、物我两忘，自我化入群体中，不管谁是我，谁是他人，忘我付出；"无功"就是不讲功名利禄，不一味地追求外物，不追求自己为群体做了什么的优越感；"无名"就是忘记荣辱，褒贬由人，有名必有彼此，无名则无彼此之分，也就无群体存在。庄子认为真正的逍遥是"无所待"的心灵大自由,是顺应万物的本性,只有"无所待"才能达到"至人、神人、圣人"的逍遥自在的境界。庄子心目中最理想的是"圣人",养成了"三无"人格,这种人不求功于君、不求名于世,没有功名利禄的争夺,表面看来,自我与群体分离,实际上是与群体融合。

钱学森为中国科技事业、国防和军队现代化建设建立了卓越功勋,为我国社会主义建设事业不懈探索、殚精竭虑,被誉为"人民科学家"。在漫长的科学人生中,钱学森始终秉持人民情怀,坚持事业重于泰山、党性高于一切,"科学最重、名利最轻"。成为世界著名科学家后,对于国外优厚生活待遇和优越工作条件,他不为所动;当得知新中国即将诞生,即先后辞去各种要职,毅然决定回国。赤子深情,溢于言表,体现了他崇高的精神品质和价值追求。"一切成就归于党,归于集体。"这是钱学森的肺腑之言,从自我出发达成群体,自我是出发点,而群体是归宿。

云南丽江华坪女子高中校长张桂梅老师,最美乡村教师,带着山里女娃"逆天改命"。她的眼里没有"贫困女生",只有"大山里的女孩儿"。她坚守滇西贫困地区四十多年,建成了全国第一所全免费女子高中。同样,她的自我价值的实现指向群体,为群体作出贡献。

完善自身、实现自我价值应基于成就他人、实现群体价值,且道德关系上的自我完善,最终是为了实现广义上的社会价值,即群体的稳定和发展。一个人有此道德观念和伦理诉求,才有对于他人与社群正义的关切,才有对西方观念中个人与社群隔绝不通、对立矛盾以及因对他人同情心不足而缺乏正义关怀等难题之纾解。

社会和群体的构建有着积极意义，群体是个体存在的基础，正是在群体生活中，个体的价值才能得以实现。

群体的一般意义是作为一些有共同目的、思想的人所聚集而成的集合体，在当下人际关系复杂的日常生活中屡见不鲜。无论是社交群、粉丝群、夸夸群等，人们开始或主动或被动地加入集体中去。而人们在集体中，享受满足的同时也渐渐失去了自我。

群体的建立显然基于大家相同的想法，人们总是在不断地找寻认同感。弗洛姆提出人是不能接受孤独的动物，人意识到生命的短促渺小与无意义，因此需要在更高层次上与他人、与自然结成一体，与他人联合在一起。与他人相关联的需要，是人的迫切需要，于是人们便开始追求他人的认同。以此为基础建立的"群"，自然可以给予人归属感，满足人们不愿被孤立的愿望。在群体中每个人也可以朝相同的目标一起努力。"众人拾柴火焰高"，集体的力量是个人不能比及的。那些公益集体、思想文化群，便为人们对至善至真的追求提供了途径。

然而，这样基于认同感的群体不免有给个体带来负面影响的风险。群体心理学著作《乌合之众》指出，群体有其盲目性和无知性，同时又有强大的引导作用。在网络文化盛行的今天，"圈子"文化相应而生，人变得更容易主动寻找群体，而这些群体往往是非自然形成的，因此出现许多盲目狂热的非正常群体现象。就如许多娱乐明星的粉丝群体，盲目追星，造成负面影响而不自知，又如邪教群体，宣扬三观不正的反社会、反人类思想。心理学上的羊群效应，指人们会将群体的存在与利益定为最高价值。为了维护集体存在，一些人不顾个人与社会利害，去盲目跟随群体的行为。久而久之，群体的地位会被无限放大，个人的思想会减弱。这样的看法会将群体的影响推向极端。网络上有着太多人，在不明事理与真相的情况下随意跟随发声，以致社会价值的歪曲。正如那些实施网络暴力、网络欺凌、道德绑架的人们，正是在群体认同感的情感压力下失去了理性，成了为群体而非正义站台的乌合之众。

社会和群体有时并未构建出一个道德的世界，因此，身处其中的人并不会受到礼仪的规范，而是始终处于一种沉沦的状态，海德格尔始终对社会性的存在保持警惕，在与他者的共存中，人们沦为"常人"，这是一种非本真的"异化"状态。在海德格尔看来，在世界之中同他人共存，主要有"闲言"——人们总是聚在一起，漫无边际地聊天，东扯西扯，或者不求甚解地阅读书籍，复制书上的一些闲言碎语罢了。"好奇"——流于表面的观看、凑热闹与围观，为了看而看，不断翻新的东西，从新奇至新奇，寻找八卦，从中获得快感。"两可"——在说的层面，说什么都可以，什么都可以说；在看的层面，什么都要看看，看什么都行。这三种形式一起构成了人们的非本真的存在。闲言、好奇、两可实际上是异化的存在方式，人们在其中能够获得现世的安稳。而当人们为自身筹谋，去做决断时，意味着要面临选择中的责任，抵抗压力和痛苦，因此一部分人更愿意选择沉沦于世，处于众人之中，这样可以逃避因为筹划、选择带来的负担与责任，他们认为大众的抉择似乎并不会出错。人在选择与众人同行的过程中变得轻松，感觉仿佛这个世界的一切已是最好的安排。

这样的"群体"，对个体又有何正面价值可言？

我们既无法逃脱群体，就应极力避免被群体局限。我们虽无法脱离群体而存在，却可以怀着破群而出的勇气仰望夜空，保持独立的思想，放眼群体外更为宽广的世界，让群体变得更为包容，更为理性，使其真正地能够积极地作用于我们的生活。进一步说，社会离不开人，人是社会历史的主体，是社会关系的承担者。社会发展离不开人的发展，人在实践活动中，不断推动社会的发展。

对于自我存在，叔本华这样评价："要么孤独，要么庸俗。"我们需要对个人的价值做出坚守，我们只有坚定内心深处的思想，才能去选择加入群体。若你看出了群体内思想或认知的偏差，那就去做反对黑暗的竹林七贤，去做拒认财富坚守星空的凡·高。每个人首先是自己，然后再去考虑他人的眼光。你只有坚定地走在追求自我价值的路上，路途边的群体才不会将你的看法同化。

人与社会的关系还表现为个人和集体、个人和群众的关系，这些关系是变化着的，个体差异能够打破僵化的群体价值规范及机械化的群体生活，实现群体的更新，群体的自我更新无论如何只能通过组成它的一个个个体的更新来实现。

总之，群己关系应该是一种辩证统一的关系，我们不能只看重其中一方面，个人离不开群体，群体也离不开个人。在当前构建和谐社会，就是要将"以人为本"和"共同利益"相结合，只有这样，社会才能稳定、发展和进步。

指导教师：郝丽云

共有的善，成就了德

◎徐志浩

从刀耕火种的农业文明到效率为上的工业文明，从以差序格局为主的乡土社会到以团体格局为主的西洋社会，人们都离不开善良这一话题。它是人类的一种共识，和道德紧密地联系在一起。但当我们试图用科学的角度分析时，却发现它似水一般没有边界。就常识来说，向上提升为善，先天具有的判断是非善恶的能力为良，善良便是一种向上提升的本质、本性。

不过，倘若我们只是满足于云里雾里地点到为止，便会在思索时吃下自己的苦果，因为我们很难说清到底什么是向上的。不妨先从自我体验的角度讨论一二。

乐于助人，乐生于何，生于心；恶于害人，恶生于何，生于心。此乐善恶恶之感，皆是善良之心显露于外，然后知所谓善良也是万种情感之一。但当我们试图深入一步探究时，便会发现这种情感的产生在人与人之间有着不同。自我中心的困境在人与人之间构筑起周遭的可悲之墙，自我感受到的善良或许并不会被他人视作舒适的体验，难免甲之蜜糖乙之砒霜。自表情达意而看，用语言传达情绪，难免会有"走形"之时，使他人理解自己的机会是有限的。仅看自我体验这一面，不过窥豹一斑。

　　自我体验之外，善良是人们生活的基础，它在历史进程中产生，淘汰了其他社会行为。奸邪狡诈者，人尽远之，聚而成群，社会之害也。第二次世界大战期间，纳粹对犹太人的屠杀给犹太人带来了无尽的痛苦。鲜血与死亡唤醒了辛德勒心中的善良，让他做出了与自我阵营相反的举动，救千名犹太人于水火之中。孟子认为，一个人如果不能树立仁义观念，不能用仁义来引导自己的行为，就属于自暴自弃。若人为树木，则善良为根，根正则茎直叶茂。孟子追求的是个人与社会的统一，认为"仁"如同人所居住的平安的宅院，"义"则是人所行走的平正的坦途。"常人心在身中，所居血肉之内，如何得安？仁者身在心中，藏身于密，祸患不至，故为安宅。义唯一条，更无他歧，所见唯路，则千蹊万径，所见唯义，大地无寸土矣，故为正路。"从他的角度看，善良是为了处世的平安和内心的安宁，而仁义就是帮助人们走向善良的不二法门。然而从"正路"二字看来，善良并不是一种可以轻易达到的状态，而是一个不断接近的目标。由于它对于人们行为的指导性质，如何接近善良的问题一直是哲学家所津津乐道的话题。

　　在漫长的历史长河中，无数的政治家与思想家找出了许多方法，大体上分为两类：注重激励主体自觉性的德治与注重遵守公法的法治。

　　整日目睹死亡，但自己绝不能用相同的暴力手段停止这些悲剧，于是，孟子便开始游说诸侯的旅行，以单薄之肉身载厚重之思想。"性善论"作为他的重要思想，是德治求善的一个重要表现。这一理论从字面上来说便对世人有着巨大的激励效果，再加上孟子认为这样的能力与后天的才智、才能之间没有直接的联系，又极大地促进了人民向善的趋势。他选择行善的路径是坚持人性之善，激励主体自觉，注重德行的自律和修为，正如《孟子·公孙丑章句》中所云："凡有四端于我者，知皆扩而充之矣，若火之始然，泉之始达。苟能充之，足以保四海；苟不充之，不足以事父母。"这种自觉也表明了孟子对于善良的真实性的强调，反对在虚假的性善之上施行伪善，这不仅是对于行为的要求，也是对于思想的要求。

跋涉于战火纷飞的乱世之中，孟子终其一生都在传播着这样的思想。它就像一首安眠曲，镇静了愤怒与仇恨，在华夏民族的基因中植下名为向善的种子。只是，即使是对于这般伟大的思想，我们也需抱着谨慎的态度。中国古代思想家的论述方式往往以类比为主，虽然似乎有说服力，但实质上缺乏严谨性。孟子之所以会提出性善论，很大程度上是受到了当时社会状况的影响，为了减少战争带来的伤痛。但这样的目的并不能掩盖其理论的疏漏，甚至会难以避免地使人陷入"人想要看到什么，就越容易看到什么"的陷阱中，成为幸存者偏差的奴隶。不难发现的是，善与恶同时存在于人的身上。但无论是性善论还是性恶论，都已预先掉入了一种虚假的前提之中，即人性是固定不变的、可以一概而论的，但这显然是不可能的事情，基于这种想法提出的理论容易以偏概全、失之偏颇。

如果将目光投向地球彼端的西方，便会发现在滚滚的历史车轮中已经诞生了许多有意思的思想。康德认为人的本质是自由，自由意味着可善可恶，主要看人怎么选择，这一思想相较于上述两种大有进步，康德认为人具有理性，理性分为理论理性和实践理性，通俗地讲就是人可以根据自己的理性来控制自己的认知（理论理性）和行动（实践理性）。我们固然无法逃出决定论的桎梏，当一片枫叶在秋天的寒冷空气中飘落时，它的轨迹早已决定，但这世界上从未有过两片完全相同的树叶。倘若决定论可以抹杀自由意志的存在，那么相同困境之下将失去勇者与懦夫的差别，因果关系的链条之下人将无法做出不可想象的判断，脑中的生化反应将变得足以预测，涌现效应将变为一片虚无。决定论的限制是永远无法解除的存在，但自由意志始终存在于其中。所以把自由当作人的本质，是一种好办法，因为与之相反的情况，并不需要被加以讨论。引入自由来帮助解决问题固然是一个大进步，可惜，康德关于善良的后续的理论则不能自洽，后来被黑格尔终结了。

基于自由说，康德提倡"法治"的思想。他认为这个自然界是有目的的，这一目的体现在客观规律中，这一目的的终极指向就是道德，所以存在一个绝对的道德律，如果一个行为可以被推广到每一个人都做这一行为，而社会不会因此迎来灾难，这一行为才是符合道德律的，符合这一道德律的是善。更进一步地，康德认为，只有运用自己的理性去控制感性，使感性屈从于理性而为道德律服务，这才是真善。如果出于满足自己感性的目的，那么无论做了怎样的行为，都是伪善，而伪善是最大的恶。当然，这样的观点有些偏激，七情六欲自然地存在于人的身上，不可剥离，影响着人的行为与思想，要使人抛却这些做出任何行动都是不能做到的。康德也意识到了这点，于是最终他认为道德应该与伪善和解，尽可能地追求道德律的实现。

如果自然本身就有一个目的，那将会是什么呢。如果是创造生命，但自然又对生命施以必然的残酷——死亡。如果是毁灭生命，又大可不必赋予。除了无时无刻不存在的客观规律以外，似乎再难找到有什么它想要传达的目的。单纯地由物质组成的它，似乎只是存在于此。更何况世间万物复杂多变，要用始终统一的道德律去看待问题，本身就是一种幻想，必然不可能成功地付诸实践。

实际上，说到这里我们已经发现，在自然界中是没有善恶之说的。善恶是理念，是存在于意义世界的东西，它依靠于人才存在，再推广一点，可以说它依赖于一切有自由意志的事物而存在，而每一种自由意志都是陷在自我中心困境之中的。先前我们以此为理由否认了在自我感知上探讨善的可能性，随后我们又否认了自在之物中有善恶之说，最终我们只能发现，没有善恶。这结论与常识完全相悖，但常识就错了吗？并不是如此。

首先，善恶作为一种理念，确实存在于自我体验之中，由于主体体验不一，所以不能将它作为标准去衡量事物，但是体验本身真实存在，所以我们可以断言，善的实质是主体体验上感到满意。其次，善良可以成为一种常识，是因为在这个社会中存在许多的利益与共，在整个历史进程上更是如此。在论述我们为何要讲道德的过程中，有两种主要的论调，分别是"崇高性论证"和"脆弱性论证"，前者讲由于遵从道德，我们的社会拥有了更良好的秩序，发展得更好，人类走向进步；后者认为由于个体是脆弱的，没有道德来团结大家，个体将走向毁灭，集体也会分崩离析，整个人类要倒退到丛林时代去，过茹毛饮血的生活。无论是哪一种论调，我们发现它总是从生存的角度看道德，实际上完全可以反过来讲，使人生存得好的行为被定义为有道德，也就是善良，反之就是没道德。但无论如何应当记住，善良只是主体根据体验来定义的，如同法律常常被认为是绝对正义，但实际上只是统治阶级利益的体现，这些所谓的善良或者道德的概念，也只是来源于特定主体的满意的体验。

由此，一来动机善和行为善的问题也极其方便解决，动机善就是希望使某特定主体感到满意，行为善就是实际上使某特定主体感到了满意，这两者实际上没有必然关联。不过通过智慧，或许可以使之稍加关联。也就是说，如果一个主体有足够的智慧，能够推断怎样最大概率地使自己的动机善确实转化为行为善，他就确实更有可能动机和行为相统一，使这两者产生关联。

指导教师：沈冬芳

意义与言说

引　言

　　词语不是事物本身，我们所说的"树"这个词，并不是真正的树，词与物永远不能相互取代，但我们人类离不开词语。语言让人类成为人，语言推动了文明的脚步，语言使人类超越了时空。

　　语言是人的存在之家，人们在言说中才能呈现自己。语言也使世界万物得以呈现，万物只有在语言中才能表明身份。但语言与意义永远保持着距离，词不达意，言说不足以呈现自己的心意。但话语过多也是过犹不及。话不可不说，话也不能乱说、滥说。

　　本章作者讨论了语言的实质，语言与意义的关系，以及言说者，即作者的本质和在特殊时代的生活状态。本章内容让我们对语言有了较为深刻的理解，启发我们要有意识地控制自己的言语行为。

语言与沉默

◎高琪钧

人使用语言，沉浮在符号的海洋，从一个遥远的岸漂流去另一个。有时人也沉默，沉默的人常常是孤独的。深刻的沉默，等同于切断了意义的往来，模糊了沉默者的形象，只余下雾中的孤岛。

语言通过声音符号及文字符号来使意义得以传递，在很大程度上是独属于人类的符号系统。这种符号系统的实质是意义的外化，是生产实践的需求。《符号与意义》一书中说："这是指称外物传达思想，从而完成与外部环境的物质与能量交换过程的需要，人作为一个开放系统，为了保持自己的功能，维持自身的存在，必须与外界进行物质和能量交换，人与环境进行物质能量交换的方式，虽然千姿百态，各不相同，但其中却有一个共同特征，即可以利用语言符号的替代性反应，借助于他人的力量来实现自己的愿望。"布龙菲尔德也这样说："劳动分工以及人类社会按分工原则进行活动，都依靠语言。"物质上的生存的必要，以及表达自己需要他人帮助的需要，催生了语言。在前进的路上因有了沟渠而造出了桥，这桥如今却已经生长得不可穷尽，直连到云霄以外。

维特根斯坦深入研究语言，前期的理论被称为"模型说"：语言作为一种符号体系，它所具有的结构必然是一种近似于外在世界的结构，"地图不是它所代表的领土，但它必须具备一种类似领土的结构，否则地图就将毫无用处"。然而在他的后期思想中，又完全反对这种将语言认为是外在世界的一种模型的想法。他转而提出"游戏说"理论，即只有当语言被放在真实生动的语境之中时，才能产生切实的意义。语境以外的定义是非自然的、不真切的，乃至是荒谬的。

在我个人看来，他的游戏说比模型说要令我信服。因为实际上我们从来没有真正知道外部世界，我们与外部世界的接触都隔着一层感官。基于我们的感官和推断，谁也不能知道在完全超越我们感官的地方会发生什么，会存在什么样的东西。如果说语言是外在世界的一个模型，那么前提是可以把语言和外在世界拿过来做个比较，但真实的外在世界是不可以确定的，比雾里看花更模糊三分，模型说似乎建立在虚妄之上。

把语言放在现实中去使用，确实是一个好办法。语言的产生和发展是由现实情况决定的，它与现实紧密贴合，那些试图把语言从现实中脱离出来，变成完全的逻辑分析的尝试，有点儿不切实际。只有在承认语言和现实不可脱离的情况下，语言才具有其丰富性，才是真正符合人类需求的特有产物。这样说的根源，是说人生在两个不同的世界：肉身寄托在绝对客观的世界，但是意识活动的发生场所是体验的世界，一切已经经过了感官的处理，脱离了原物，成为意识能够活动的平台，也是常理而言的"现实"。

人与语言的关系是怎么样的？抽离自身的视角向更远处，从整个符号与人类的关系观望，则符号不仅是一种简单的人造物，它和深刻的人性是紧密相关的。人是符号动物"人不仅生活在现实的物质世界中，而且还生活在自己创造的符号世界中"，这个符号世界也可以理解为意义世界，在体验的基础上，由心智参与其中的世界。尽管人的肉体存在于物质世界中，但人意识的活动只能针对意义。更深层地讲，人类是作为特殊的信息活动过程存在的。我们的新陈代谢，大约每七年，身体的所有原子都完成一次循环，那么我作为我究竟是以什么样的形式存在？在控制论和信息论的视角中，我们每一个人都是作为信息活动过程存在，我们每个人的活动有特定的模式，人的实质正是这种模式。维纳认为"模式就是消息，它可以作为消息来传递"。而这种消息就可以说是以语言符号，也包括一些其他符号作为载体的。不过这种说法毕竟有些绝对，人是极其丰富的，完全把人等同于一个模式，恐怕不太妥当。

然而，即使我们不完全相信这种说法，仍然可以说符号交往是主体性的根源。《符号与意义》一书中有这样的话："唯物主义历史观认为需要和分工决定了社会成员是相对独立的存在者，他们之间自然具有一定程度上的异质性。符号工具的介入，一方面消除了这种异质性之间的距离，另一方面也造成了间距的进一步扩大化，为新的符号交往提供了可能交往的异质性……"每一个人之所以能形成如此独特的个体，很大程度上是符号的作用，其中占主导地位的就是语言。符号的介入使人性从生物性中提升出来。如果没有符号，人将无法与其他动物真正拉开距离。"符号流程中有意义，流程相伴随符号交往中形成文化，这是任何动物都无法做到的。"符号不仅形成文化，更是对象化活动的中介。然而由于外在世界受感官认知形成意义的过程是有一定特性的，并且这些特性很客观，不会受人为意志影响而改变，所以人类可以通过对自己所要认识的对象进行符号上的认识，得到一种以符号为载体的规律，随后通过符号所具有的结构，进一步地来指导实践。例如卢瑟福的原子模型，波尔的原子模型，沃森、克里克的 DNA 双螺旋结构符号模型，都是把这些客观的规律改造成了容易理解的符号。这种借助符号承载规律，并帮助人进行生产生活实践的方式，正是科学指导人类生产生活实践的基本方式。

意义是人之为人的核心所在，而这一核心如此紧密地寄托在符号上，并依赖于符号使之得以受到加工、交流、扩充，因此我们完全可以说：符号的特殊性正是人的特殊性。你使用怎样的符号，拥有怎样的话语权，就是一个怎样的人。

不过在这里，我们进一步地将讨论的范围扩大，超出了符号本身，甚至超出了意义本身，似乎是回到了那个经典问题：我是谁？通过使用包括语言在内的诸多符号来寄托和塑造人的特殊性，这种方式我们不妨称之为"言说"。言说的实质就是在意义的视角上，通过一个人使用符号传达意义的情况来定义这个人，使之成为特殊的人，成为他自己。

语言作为桥梁，是人生苦旅的部分。沉默正是人生路途的另一种选择。不过，沉默不像语言这样，在哲学上有着庞大的一个体系，牵扯到如此纷繁的论证。与之有关的相当著名的一句话是维特根斯坦说的："对于能说清楚的事情，我们必须说清楚；对于不能说清楚的，我们必须保持沉默。"在无知的时候保持沉默是恰当的，沉默给人以学习的机会。除此之外，沉默还有一层意义，就是它避免了我们以如此盛气凌人的方式，将自己的思想凌驾于他人之上，乃至引发争论导致冲突。它是摆脱自我中心困境的一剂良药，沉默中我们有机会看和听，扩充我们的认知，改变自我中心的迷思，对在社会中适应也有不可小觑的助益。更进一步地讲，沉默是一种权利，是一种自由，它让我们自由地选择我们想说什么。有一类人被命名为话痨，这类人想必深受其困扰，他们被剥夺了沉默的权利。不仅如此，尽管沉默与语言在形式上恰好相反，但有时是可以达成相同的目的的，例如表达情感、确立一种归属感，或者操纵和影响他人的情绪；在一些特定的情境下，沉默能传达强烈的不屑或者是强烈的亲近感，效果可以远在语言之上；彼此之间很有默契地保持沉默是归属感的一种体现。不过沉默本身也是危险的，因为在应当使用话语权的时机却不运用话语权，会导致应当传递的信息没有被传递出来。人有时需要成为孤岛，但长久的孤独会模糊一个人的面貌，使得这个人对自己和对世界而言，都显得不太清晰。这不正是一种失去身份的危险吗？

在言说的层面上，鉴于沉默实质上也可以用作于意义的传递，所以可以说，沉默是另一种言说。不能自由地使用沉默，就如同不能自由地使用语言一样，是一种对人的主体地位的侵犯。例如有时我们通过沉默来表达倾听和谦虚；有时又可以用来表示抗拒甚至愤怒，在这种对不同情境作出反应的同时，我们成为真正的自己。

沉默被剥夺的现象，在现代尤为突出，形式也变得极其丰富，这主要是由于用于传递符号的媒介发生了具有颠覆性的改变。通过互联网进行符号传递具有的特性是：能且只能见到被传递的符号本身，而实质上某一种意义的传递，往往是通过多种符号共同表达，才能尽量精确。比如在通过社交软件进行交流的过程中，有一个概念叫作秒回，一般被人们认为是一种重视，甚至被认为是一种尊重。事实上，如果在面对面的交谈中，许多意义可以通过眼神、肢体动作等来传达，即使是处在沉默之中，也可以充分地展开意义交流。然而在互联网的交流中，收到信息不回答，容易被统一地解释为不尊重，甚至可能会被认为没有看到信息。

互联网的交流方式，剥夺了我们使用沉默而不言说的那种权利，实质上对我们完整地展开意义的传达有所妨碍，进一步地损伤了人的主体地位。或许这个时代已经让我们不可避免地面临有关语言与沉默的新困境了。

指导教师：沈冬芳

单向度的时代　分裂态的作者

◎王　镐

　　帕慕克在《天真的和感伤的小说家》中提出过两种创作态度：一为天真，即不假思索地呈现自己心中所拥有的感受，而不顾及伦理或社会教条等因素。二为感伤，即总在思考向己的创作是否有社会意义、影响、价值等。本质上，二者都是构成一个真正作者的因素。一个作者既然敢于创作，便拥有天真的勇气，既然得以创作，便出于感伤的思考。所谓天真的与感伤的，二者是有机统一的，无天真的感伤与无感伤的天真都不能构成一个社会性的、复杂的作者。于是，天真的狂与感伤的梦缠绕起来，渐渐在滚烫的时代中融化，而又被各自与时代割裂，最终成为分裂的作者。

　　作者是一群怎样的人？从帕慕克的定义来看，似乎所谓天真的特质，带有一种艺术性；所谓感伤的特质，带有一种哲学性。而伟大的作者，几乎都是将艺术性与哲学性充分体现的。他们是一个时代中清醒并有能力发声的人，因为他们普遍有着敏感的特质与旁观的机会，所以他们能看、能想、能说。传统概念的作者心中都有着一种理想主义般的特质，他们因为年少的经历与所受的教育而有了道德感与使命感，怀揣理想与信念进行创作。

因而大众对于他们的认知或许是神圣的、崇高的，但本身他们的崇高性亦是一种自慰。他们有着比大众更强的自我意识，因为没有裹在时代与大众里，于是个体开始呈现非被动性而是自我性的推动。某种意义上，亦可算作是自己奴役了自己。当一个人明显认知到自己的、家庭的、民族的、国家的、人类的未来是有可能被自己影响之时，他就被自我理想化的无限可能奴役了。加之因孤独而爱幻想的特质，理想与未来开始被构建，于是他们不敢放下笔，不敢媚俗，不敢背叛大众。如果是外在的推动，是绝无这般纯洁的，因为外界的审视是可以于内部逃避的，但自我审视却一刻不止。

而普遍的大众又因为作者在概念中所带有的神圣性或崇高性而对之仅持以敬重而非亲近，他们在时代观念的影响下自主与作者划开了界限，以为自己是无能力与资格同作者一般的，于是这种自我推动性的奴役不存在于他们的身上，他们只是被他人奴役着行进。这种情景又是作者所最不愿看到的，于是一切的矛盾在作者的身上爆发着。由此，他需要天真的勇气去面对，又欲以感伤的灵魂去救赎。

作者的天真出于理想主义与自我化的无限可能，于是他们似以一种痴呆的状态去表达，是几乎偏执的；然而同时，他们的敏感与自我审视又催生出感伤，于是他们迟疑，他们斟酌。两种自己对抗着，天真的自己被感伤的自己压制，而感伤的自己又被什么压制呢？

作者是孤独的人群，但他们脱离不了社会，相反，他们较大众更入世，也只有入世，才看得清、看得深。这种状态会催生极大的痛苦，他们代替社会中被忽视的个体与失去公理的群体去体悟他们的情感经历，让伤痛耕种于思维，从而生长为深邃的文字。不过这种过程中亦会有同上文般由理想主义与自我神圣化所带来的满足，所以即使承受着苦痛，他们也会义无反顾地入世间之尘土中去，直至地表的人们不见其影。

　　他们的敏感总会令他们捕捉到时代中不被认可重视的人群与思想，同时，他们的敏感又会捕捉到时代对这些人群思想的否定态度，于是原来作用于自我审视的感伤开始演化为不敢触摸，内心的敏感更放大了自己的恐惧。而这一切又与理想相悖，作者矛盾着，开始将审视变态化以致自我阉割，一种被假想而又真实存在的社会压制并异化了感伤，于是天真消失了，感伤也变得模糊了起来。

　　所谓异化的感伤，即本身是出于对社会责任而力求正确的心掺杂进更多社会上模糊的边界，感伤开始变得私密化，不能被明显呈现，又带着情绪主导的色彩。有了愤怒，有着对象，却无法控诉，只能模糊处之，像是丧失言语能力的人，支支吾吾地叫唤，而希望有人能明白他的意图。作者开始自觉去回避某些社会话题，虽然有着所谓的民主与言论自由之类的说法，然而实际上于内心是恐惧的。作者在进行创作的时候，内心中哪怕有一丝需要去鼓起勇气，都足以说明感伤的被异化。

　　作者看似将天真与感伤这两种因素的关系统一了，却由此真正地被割裂了。天真的自己为了保全作者，自杀了；感伤的自己为了保全作者，屈膝了。只余下孤独的作者在山谷间暗自神伤，他甚至忘记去呐喊了。

回望过去，时代总是单向度的。作者——这些思想怪异、特立独行的人，并不总受人待见，却也有例外。在政教合一的时代下，人的多重可能性被否定，作者是怪类，而这时的大众是完全融入群体的，他们无须太多自省，只需于集体中不逾矩，更无天真感伤之类，所以作者惨淡暗伤。而当这一切阻碍了社会的进步发展时，当社会进步发展的迫切需求促使原先安逸的个体从大众中脱离的时候，作者就会变成文化符号。他们会受人追捧，成为明星。文艺复兴、五四运动、五月风暴等莫不如此。于是作者作为心比天高命比纸薄的个体只能于时代洪流中挣扎着，他们多想治服这巨浪啊，可他们耗尽一生都恐怕未能等来那种力量与契机，千万水滴要将他吞噬，他却只道风在作怪。

莫言于《黑沙滩》中写道：当指导员要求歌颂农村大好形势时，"我"因指出父亲说农民还不如单干时过得好而未入团，但"我"以为自己说的是真的，于此，老兵对"我"说："谁不知道这是真的？你以为指导员不知道这是真的，他爹还在家里吃烂地瓜干子呢。"

在这种社会语境下，我们不能奢求天真，天真是偏激的，是不审时度势的，当时代的话语间充斥着某种规则，当一切缠绕在个体思想上的时候，人就不得不感伤，且为异化的感伤，使人开始自我阉割语言以合乎环境，这是一种明显的权力体系。人人知道事实，而人人又都不能说出来，大家同时生活在混沌之中，安逸得像一团死水。

我们先前有过大偶像时代，或可称为统一的大作者时代，即该时代下的创作几乎都带有同质性。即便社会上有强调平凡人物作为偶像，也是笼罩在大偶像的光环之下，或是因践行大偶像之路而成为小偶像，即便成为大偶像或许与本人意愿相背，但利益集团的异化使其真正的民主文化价值消失了，而这也使如今的利益集团可从历史里挖出带着光环的、被他人任意解释的本人以获益。于是至 20 世纪 80 年代，虽然我们开始有了文化偶像，作者这个大的概念被分开了，成为个体，可这思想传统并未消失，我们有根植于心的思想束缚，这些东西使我们自觉地进行思想阉割，于是作者自觉异化了感伤而不天真，他们又与社会一起将自我清洗的文化灌输给大众，于是人人不敢言，这从自主地将政治相关的词汇或人物于言语中模糊便可看出。

在这样的文化中，会形成两种极端，一为顺从者，二为反抗者。反抗者带有极大的情绪主导，会失去理智与宗旨，而最终只会形成消除一切的文化暴乱，这绝非革命者的初心，也不是那被大偶像化者的。而最可怖的并非我们的受压制，而是表面的压制放松，可实质上在自我清洗的文化传统下我们的精神会自构牢笼，让群体安分统一，而当有人盲目地捅开这朦胧的纸的时候，或许会被告知其实无伤大雅，于是反抗虚无了，只化为拓宽一寸言论自由领土的实践，而不久又会被蒙盖。

作者，历史上有名、无名者无以计数，能有多少将感伤的本貌释放？更莫提天真的绽放了。作者确能使文字作用于时代，可是时代是否能使他的文字存在，又或者如此统一的时代氛围会使作者主动放弃天真与感伤的权利，只凭借一丝异化的哀愁，倒退到时代远处，于是做隐士，而心如死灰。这样的死灰对于本性天真的他们来说，是会复燃几次的，但是时代给予的温度不及，便不久又熄了，仍是死灰。

但总有心高气傲的作者，他们怀着"明知不可为而为之"的精神，投出自己最原始的思想，不多顾虑，仿佛用实际行动去开拓言论自由的边境，去为未来的作者开拓可写作的领土。每个时代的作家都不乏思考，他们只是因无天真而怯于发声，他们是畏惧着自己的言行将带来的结果，追求绝对正确，结果却近乎什么也未说。

那些在任何时代皆以天真面世的作者，是在以一种宗教仪式般的自焚来完成升华，他们童年的一切总和构建了心灵，心灵又使他们走向着这至高的精神满足，他们仿佛视全体人类社会为人体，而个体即细胞，他们清楚地知道细胞是会消亡的，但还会有新的细胞诞生。他们要做的，就是不把这个极烂的人体去留给下任细胞医治。无数的细胞诞生、消亡。他们的名称模糊，被归为一个团体、一个群类、一个阶级、一种思想、一句口号、一场运动。所有的细胞不可能都留下印记，但天真的作者知道，他们共同融化在的这些类别，同理想一样振聋发聩，这是一种近乎悲观的殉道，但这也是他们能够得到的最大安慰。

然而，时代发展到如今，我们已由"规劝社会"转变为"功绩社会"，意味着个体将会逐渐地由群体中脱离，这带有着功利性的危机，虽然表面上是变得更加个体化了，然而仍是一群个体化的人裹挟在同一处，朝着时代所要求的方向奔涌。但同时不能轻视的是个体开始拥有了作者的特质，只是会更加无力与麻木，那是因为在资本主义文化的渗透下变得不愿抵抗。而如今，作者的天真或许是可以得到发挥的，当作者一次次冲击边界时，当他们可以渗透进文化时，当大众迫切感到精神压抑而寻求解放时，当我们渐渐感伤，渐渐天真时，作者的理想主义就会渐渐苏醒，大众作用于作者，作者作用于大众，而最后，只需留下一笔：

待到山花烂漫时，她在丛中笑。

指导教师：李　娟

意义与目的

◎李筱恬

意义，通常来讲，指事物存在的原因及价值。

决定做任何事之前，反问自己："为什么这么做？"问题的答案就在于事物的自身意义。常言道，昔日种下的因，会成就明日的果，今日所收获的果，是昨日种下的因。任何事情的发生都有其原因，有因必有其果——苏格拉底"因果定律"如是说道。由此可得，事物存在的原因是事物的自身意义。比如想要养成一个良好习惯之前，我们先问自己："为什么这么做？"往往更有利于坚持下去。从心理学的角度来讲，当人通晓自我行为的意义时，其意志必然会更加坚定——生活是被不确定性填满的，而当下我们抓住了唯一的确定性：那就是意义。在人类思想的主导下，事物才获得其存在价值。价值是事物存在的必要性。凡有助于促进道德上善的发展的，便是价值。如以真善美为追求的理想，且持此以为衡量的准绳，则视为价值。我们任何目的所引领的发展道路都是以真善美为基础的。再以养成习惯为例，将我们要养成习惯的目的笼统地概括来说，无非就是为让自我得到更良好的发展。养成习惯的过程就是基于目的之上对于意义的追求，对于价值的追求。它更是一种关系，比如人类与自身需求的关系，人类只有对某事物有一定需求，此事物才能称得上有存在的必要性即价值。人之所以对事物有需求，是当下事物对人自身具有一定意义。人类汲取知识，意义在于对自我思想进行发展与革新，从而在社会中有一立足之地。这可以称作对人类而言的意义。就知识本身而言，因为人类对其有需求，它在人类主观思想之下就是具有价值的。然而正因为人类思想的主观，我们所看到的世界都是个人的，对个人而言有意义，就是存在的标志。所以，意义也是事物存在之价值。

实际上，意义只是人为创造的定义。给予了社会公认的意义，事物在人主观思想下就是有价值的。社会也有其普遍认知的意义。就如我们所熟知的，在老一辈甚至于中年一代人的思想背景下，生活学习、结婚生子，万事都遵循着一套属于中国传统乡土社会的、固定的顺序与规矩，这样的人生被称作有意义。在飞速发展的时代中，中年人甚至于青年人都不禁反复思考的一个问题是：生活的意义何在？我们从小被时代的洪流推攘着，显然少有思考面前实实在在的生活，因而常感到迷茫。2022 年网络热词之一"内卷"真实地刻画了当代中国社会上大部分人的生活。他们为了得到社会高层、优质的资源而不断地努力着，然而与广义上的"努力"不同，这些人非但得不到努力过后应得的果实，甚至可能还会适得其反。在"内卷"的后期过程中，人们往往都会感觉到迷茫——这一番努力耗尽了人所有力气，然而却收效甚微。这又促使了人思考：努力的意义何在？我们所常常感到迷茫的是对于绝对意义的探讨。

人生就是这样充满哲思的，所谓哲学也就是思考万事万物的本原与意义罢了。哲学也是依附于人而存在的，所以人类对于意义的思考是不可避免的。基于人本身的感知，我们不得不承认的是，思考所谓意义这件事是没有意义的，就如莫比乌斯环一般，是个无终点的圈。这就生出了问题：从有意义当中，生出了无意义，这明显是矛盾的。一切创造物都出自非存在，然而从非存在中生出存在，存在若是又生出非存在，那就是荒谬的，故对于意义之事，人是主导者，各人有各人的主观想法，意义是仅属于个体的。

谈及意义，它的背后驱使者被称为目的。目的，通常是指行为主体根据自身的需要，借助意识、观念的中介作用预先设想的行为目标和结果。此词有一定来源，传说隋唐时期，隋文帝杨坚篡夺了北周政权的王位，北周高官窦毅也因此失去官职。窦毅之女乃女中豪杰，意欲挺身解救国难。窦毅见状欲为其出榜招婿，条件是不仅要有才学，还要有武功，谁想娶自己才貌人品皆佳的女儿为妻，先要射中自己画于屏风上的孔雀眼睛。青年李渊成了两箭均成功的唯一一人。这"目的"便源于此，"目"为孔雀之眼，"的"即是箭靶。人类所有行为均带有根本上的目的性。人类进食是为了维持生命体征，现代人为升学努力学习、为工资努力工作，大部分人以世俗的"意义"为目的而奋斗。

概括来说，人存在的根本目的是为存在而存在。一件事物是存在的，那必然具有存在性，然而若是一件事物存在，却不能表现出存在性，那本质上它是不存在的。所以事物存在的目的首先得是存在，表现出其存在性。康德区分了两种不同的"存在者"：一种是无理性的存在者，即"事物"，它们不是依据我们的意志，而是依据自然的意志而存在的，因而它们只具有相对的价值，只能作为"手段"；另一种是理性的存在者，即"人"，他们具有绝对的价值，他们的本性凸显为"目的本身"。因此，这就不仅仅是将存在作为我们的行动的结果，那些对于我们来说具有一种价值的那些主观的目的，而是客观目的，亦即其存在自身就是目的的东西，而且是一种无法用任何其他目的来取代的目的，别的东西都应当仅仅作为手段来为它服务，因为若不然，就根本不能发现任何具有绝对价值的东西。在人与物的关系上，康德把人视为绝对的目的，把物视为绝对的手段。其实，在目的与手段之间并不存在绝对的、不变的界限。

作为观念形态，目的反映了人对客观事物的实践关系。人的实践活动以目的为依据，目的贯穿实践过程的始终。就算是常言的"漫无目的"，实则也是一种目的。漫无目的地放空，这也是人类本质上自我调整的方式，是心理与生理驱使的——为了减轻脑内压力，人体的放松机制。

意义决定了目的，目的成就了意义，这两者必然是相辅相成的。目的所指向的是事物存在的意义。生命所有的内容，都是由人类的目的谱写的。生物学角度上，生物的形态结构与其功能相适应，这体现在生物结构与其生活环境的适配当中，可以说生物基本结构是生存于自身所处环境的目的，而功能是生物结构存在的意义。也就是说，生物基本结构决定了生存与否，反之，生存的目的成就了千年演化以来生物的结构。其中结构即为意义，生存是为目的。在某种程度上，这从自然界的角度阐述了意义与目的之间奥妙的关系。

　　谈回人类。人与人的人生观不同，然而意义又是建立在个人人生观之上的，所以构成了不同。人的目的建立在他们对世界的认识之上，世界是无法完全被个人认识的，只有理解世界的存在，才能理解个人的存在。对个人存在性有所理解，就生出了意义，即便是相对的。我们认识了意义之所在，就会有对应的目标，通俗来讲就是目的。达成目的所需要的是追求实践，并证明自我的存在性。实践有意义与否在于人类。人类但凡存在，任何实践产生的对世界细微或巨大的改变都能被称作有意义。人的存在性依附于世界，而人对于目的的实践是作用在世界上的，世界对于人的存在亦有反作用。人因对世界的理解生出个人目的，由目的而对于世界有所实践，世界反作用给人类以意义，这就是所谓目的成就意义。

　　以上我们所述说的都是相对之言，然而绝对意义想要求的，终将成为虚无。目的是带有分寸的，以人为主体时它是非绝对性的。人本是自由，对于意义的追求是自我对外界的选择，是对自我本质的赋予，有了目的，剩下仅有的实践——不断地创造与抗争。古希腊神话当中，众神处罚西绪弗斯将巨石从山脚推向山顶。但每当巨石到达山顶时，巨石又会从山顶滚到山脚，西绪弗斯要永远如此往复推动巨石。在一般人看来，西绪弗斯的人生应当是绝望与无意义的。但加缪告诉我们不必太过悲观，推动巨石正是西绪弗斯与众神和外界的抗争，他的抗争便是意义所在。所以为人处世，我们或许没有必要强究"意义"，没有所谓世俗认可的"目的"也无妨，保留一种松弛感也是人生意趣之所在。人类思想之可贵，就在于人之思想高远、深邃。

指导教师：李　娟

后　记

兔年伊始，喜气盈盈。2023 年 1 月 2 日，上海师范大学刘辉老师发微信给我说："北师大吴欣歆老师想找附中老师组本书稿，我把你的微信推给她。"吴老师是全国语文界的知名专家，能有机会跟着她学习，正求之不得。

我给吴老师打了电话，她说创意写作就是回归心灵、真性情的表达。学生的写作除了考场作文，还应该有一种自由的、真性情的表达，语文教学应该引导学生作这种表达。她说花山文艺出版社郝社长想为全国有文学天赋的学生提供发表文章的机会，这是对爱好文学的学生的一种鼓励。随后，吴老师给我发了"文学常青藤"总序和清华附中的《探微创意的蹊径》的书稿，让我提前看看，理解创意写作的内涵。

吴老师思路清晰，做事干练。1 月 6 日晚，吴老师召集编委老师，召开"文学常青藤"丛书编前会议。郝建国社长谈了在全国选拔文学爱好者的想法，吴老师阐释了语文教学中的创意写作与大学创意写作课的异同，鼓励我们要为学生另辟一条属于文学的写作之路。

吴老师特别强调各个学校要发挥自己的特长，让学生自由表达，体现个人与学校的特色，她特别提到上师大附中有着余党绪老师思辨阅读的特色，这次创意写作一定要保持这个特色。 余党绪老师的教学思想影响全国，滋润着上师大附中阅读与写作教学，吴老师肯定余老师思辨阅读的思想，也是肯定我们上师大附中语文教学特色。

多年前，高中学校在组织学科教学的同时，严一平书记就提出了开展书院制教学的办学理念。 黄岳辉校长对博雅书院教学十分关心，他从现代教育的视角来审视高中书院教育的价值与发展，规划博雅书院的教学环境、设施、课程设置等。

余党绪老师创办了上师大附中博雅书院，他一直带领学生在书院中阅读、思辨、写作。 在名著阅读中，学生们取得了丰硕成果。 为紧跟余老师的步伐，发展他的思辨阅读思想，我们尝试着开展高中哲思写作的教学研究，带领学生在阅读世界文学名著的基础上，阅读中外哲学、政治、历史等方面的专著，如《道德经》《庄子》《论语》《理想国》《西西弗的神话》《存在与虚无》《存在与时间》《历史研究》等。 博雅书院与复旦大学等高校合作，聘请骆玉明、吴兆路等专家担任特聘教授，给学生开展讲座。 思辨重在思维方法，注入哲学思想，使思辨有内容，使思辨有逻辑，使思辨更深入。

学生的潜能是无穷的，一个学期，有的读了马克思的《资本论》，有的读了海德格尔的《存在与时间》，有的读了汤因比的《历史研究》，有的读了康德的"三大批判"……每个学期，他们写出三千字以上的随想或论文，目前有多本文集由学校印制成校园读本。 时代在发展，教育要与时俱进，跟上时代的潮流，博雅书院教学一直在发展。

接受了吴欣歆老师的任务后，我们整理了博雅书院同学的哲思随笔作业，并进一步向全校征集创意写作作品。 此项工作得到徐明主任的鼎力相助，他在寒假前向全校班主任进行了动员与布置。 寒假结束后，我们收到好多优秀作品。 在选稿、审稿中，得到全校语文老师的帮助，在他们的辛苦工作下，我们顺利完成组稿工作，展现了上师附中领导和老师的工作作风。

感受最深的是，我们这部书稿，凝聚着北师大吴老师的热心，体现着花山文艺出版社所有工作人员的精心。 特别是花山文艺出版社编辑老师们，耐心指导我们修改书稿，随时发信息给他们，他们都及时予以答复。

人们常说："千里马常有，而伯乐不常有。"在现代社会，千里马常有，伯乐也常有，但一匹千里马需要一群伯乐相助，才能成为千里马。 教育是全社会的事，全社会都来关注教育，教育才能快速前进。 当很多人在关注教育教学成绩时，我们应该感谢社会中那些在默默关注、支持、帮助着我们的人。

书不尽言，言不尽意，众多感激之情书写不完。

林启华

2024 年 6 月 5 日写于润园